AF310271

DOCUMENTS

SUR

LES 32 RELIGIEUSES

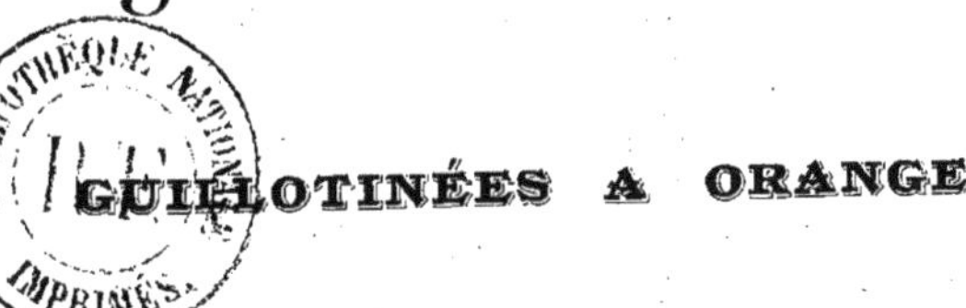

GUILLOTINÉES A ORANGE

EN 1794

AVIGNON

AUBANEL FRÈRES, IMPRIMEURS DE NOTRE SAINT PÈRE LE PAPE

ET DE MONSEIGNEUR L'ARCHEVÊQUE

1904

DOCUMENTS

SUR LES 32 RELIGIEUSES GUILLOTINÉES

À Orange en 1794

PERSÉCUTION RELIGIEUSE
EXERCÉE PAR
L'ASSEMBLÉE CONSTITUANTE

2 novembre 1789. *Décret* par lequel les biens du clergé sont confisqués et mis à la disposition de la Nation.

*

13 février 1790. *Décret* qui supprime les Ordres religieux.

Art. 1er. La loi constitutionnelle du royaume ne reconnaîtra plus de vœux monastiques solennels des personnes de l'un et l'autre sexe: en conséquence les ordres et congrégations réguliers, dans lesquels on fait de pareils vœux, *sont et demeurent supprimés en France sans qu'il puisse en être établi de semblables à l'avenir.*

Art. 2. Tous les individus de l'un et de l'autre sexe, existant dans les monastères et maisons religieuses pourront en sortir, en faisant leur déclaration devant la municipalité du lieu. Il sera indiqué des maisons, où seront tenus de se retirer les religieux qui ne voudront pas profiter de la disposition du présent décret.

Art. 3. Les religieuses pourront rester dans les maisons, où elles sont aujourd'hui, les exceptant expressément de l'article qui oblige les religieux de se réunir plusieurs maisons dans une seule.

*

12 juillet 1790. Loi appelée *Constitution civile du clergé.*

TITRE I. Art. 1er. Chaque département formera un seul diocèse, et chaque diocèse aura la même étendue et les mêmes limites que le département.

L'Article 20 abolit les chapitres, abbayes et prieurés.

TITRE II. *Des nominations aux bénéfices*

Art. 1er On ne connaîtra qu'une seule manière de pourvoir aux évêchés et aux cures, c'est à savoir la forme des élections.

Art. 3. L'élection des évêques se fera dans la forme prescrite, et par *le corps électoral* indiqué dans le décret du 22 décembre 1789, pour *la nomination des membres de l'Assemblée du département.*

Art. 16. Celui qui aura été élu à un évêché se présentera à son évêque métropolitain, et s'il est élu pour le siège de la métropole, au plus ancien évêque de l'arrondissement, avec le procès-verbal d'élection et de proclamation, et il le suppliera de lui accorder la confirmation canonique.

ART. 19. Le nouvel évêque ne pourra *s'adresser au Pape pour en obtenir aucune confirmation*, mais il lui écrira comme au chef visible de l'Eglise universelle, en témoignage de l'unité de foi et de la communion qu'il doit entretenir avec lui.

ART. 21. Avant que la cérémonie de la consécration commence, l'élu prêtera le serment solennel : « *de veiller avec soin sur les fidèles du diocèse qui lui est confié, d'être fidèle à la Nation, à la loi, au Roi, et de maintenir de tout son pouvoir la Constitution décrétée par l'Assemblée nationale et acceptée par le Roi.* »

ART. 25. L'élection des curés se fera dans la forme prescrite et par les électeurs indiqués, dans le décret du 22 décembre 1789, pour la nomination des membres de l'Assemblée administrative du district.

ART. 38. Les curés élus et institués prêteront le même serment que les évêques, dans leur église, un jour de dimanche, avant la messe paroissiale.

*

24 juillet 1790. *Décret* d'après lequel :

ART. 39. Les évêques et les curés conservés dans leurs fonctions ne pourront recevoir leur traitement, qu'au préalable ils n'aient prêté le serment prescrit par la Constitution civile du clergé.

*

27 novembre et **26 décembre 1790.** *Décret* d'après lequel :

ART. 5. Les ci-devant archevêques, évêques, curés et autres ecclésiastiques fonctionnaires publics, qui n'auront pas prêté, dans les délais déterminés, le serment qui leur est respectivement prescrit par la constitution civile du clergé), seront réputés avoir renoncé à leur office, et il sera pourvu à leur remplacement, comme en cas de vacance par démission, à la forme du titre II du décret du 12 juillet dernier.

ART. 7. Ceux des dits évêques, curés conservés en fonctions et refusant de prêter leur serment respectif, ainsi que ceux qui ont été supprimés qui s'immisceraient dans aucune de leurs fonctions publiques, seront poursuivis comme *perturbateurs de l'ordre public* et punis.

ART. 8. Seront de même poursuivies comme perturbateurs de l'ordre public et punies suivant la rigueur des lois toutes personnes *ecclésiastiques* ou *laïques* qui se coaliseraient pour combiner un refus d'obéir aux décrets de l'Assemblée nationale, ou pour former ou pour exciter des oppositions à leur mise à exécution.

9 juin 1791. *Décret* d'après lequel :

ART. 1. Aucuns brefs, bulles, rescrits et autres expéditions de la Cour de Rome ne pourront être reçus, publiés, imprimés affichés ni être mis à exécution dans le royaume, mais ils seront nuls et de nul effet s'ils n'ont été vus et vérifiés au corps législatif et si leur publication ou exécution n'ont été autorisées par un décret.

ART. 2. Les évêques, curés et autres qui liront, distribueront, donneront publicité ou exécution aux brefs, bulles et autres expéditions de la cour de Rome, non autorisés par un décret, seront poursuivis comme *perturbateurs de l'ordre public* et punis.

*

28 juin 1791. *Décret* d'après lequel:

ART. 1er. Les accusateurs publics seront tenus, sous peine de forfaiture et de destitution, de poursuivre tous ceux des anciens fonctionnaires publics ecclésiastiques qui, depuis leur remplacement entièrement consommé par l'installation de leurs successeurs, auraient continué ou continueraient leurs fonctions publiques, et de requérir contre eux l'exécution des décrets des 24 novembre et 14 avril derniers.

II. PERSÉCUTION RELIGIEUSE EXERCÉE PAR L'ASSEMBLÉE LÉGISLATIVE

29 novembre 1791, *Décret* par lequel:

ART. 6. Outre la déchéance de tout traitement, les ecclésiastiques qui auront refusé de prêter le serment civique ou l'auront rétracté, seront par ce refus ou cette rétractation réputés *suspects de révolte contre la loi, et de mauvaise intention contre la patrie*, et comme tels plus particulièrement *soumis et recommandés à la surveillance de toutes les autorités constituées*.

27 mai 1792. *Décret* d'après lequel:

ART. 3. Lorsque vingt citoyens actifs du même canton se réuniront pour demander la déportation d'un ecclésiastique non sermenté, le directoire du département sera tenu de prononcer la déportation, si l'avis du directoire du district est conforme à la pétition.

*

Le roi Louis XVI ayant été détrôné, le 10 août 1792, on ne pouvait, on ne voulait plus lui prêter serment de fidélité. L'Assemblée, quatre jours après, changea la formule du serment.

Le 14 aout elle *décréta* que tout François recevant traitement ou pension de l'Etat, sera censé y avoir irrévocablement renoncé, s'il ne justifie, dans la huitaine, qu'il a prêté devant la municipalité du lieu de son domicile le serment suivant:

« Je jure d'être fidèle à la Nation, et de maintenir la liberté et l'égalité, ou de mourir en les défendant. »

*

Le 17 aout *Décret* d'après lequel:

ART. 1er. Pour le 1er octobre prochain, toutes les maisons encore occupées par les religieuses ou par des religieux seront évacuées par les dits religieux et religieuses, et seront mises en vente, à la diligence des corps administratifs.

*

Le 18 aout 1792. *Décret* d'après lequel:

ART. 9. Les costumes ecclésiastiques, religieux et des congrégations séculières, sont abolis et prohibés pour l'un et l'autre sexe.

ART. 10. Les contraventions à cette disposition seront punies par voies de police correctionnelle, et en cas de récidive, comme délits contre la sûreté générale.

ART. 15. Les membres des Congrégations supprimées pourront disposer du mobilier de leurs chambres seulement, et des effets qu'ils prouveront avoir été à leur usage personnel.

ART. 16. Il ne pourra, sous aucun prétexte, être touché aux meubles, argenterie, livres communs, vases et ornements d'église, dont il sera dressé inventaire par la municipalité.

*

26 aout. *Décret* de déportation :

Art. 1er. Tous les ecclésiastiques assujétis au serment, qui ne l'ont pas prêté ou l'ont rétracté, seront tenus de sortir, sous huit jours, hors des limites du district et du département de leur résidence, et dans la *quinzaine, hors du royaume*. Ces délais courront du jour de la publication du présent décret.

Art. 3. Passé le délai de quinze jours, les ecclésiastiques *non sermentés*, qui n'auront pas obéi aux dispositions précédentes, seront déportés à la *Guyane*; les directoires de districts les feront arrêter et conduire, de brigade en brigade aux ports de mer les plus voisins...

Art. 5. Tout ecclésiastique qui serait resté dans le royaume, après avoir fait sa déclaration de sortir, ou qui rentrerait après être sorti, sera condamné à la peine de détention pendant 10 ans.

Art. 6. Tous autres ecclésiastiques non sermentés, séculiers et réguliers, simples clercs, frères lais, quoique n'étant pas assujétis au serment par les lois, seront soumis à toutes les dispositions précédentes, lorsque par quelques actes extérieurs ils auront occasionné des troubles, ou lorsque leur éloignement sera demandé par six citoyens domiciliés dans le même département.

Art. 8. Sont exceptés des dispositions précédentes, les infirmes dont les infirmités seront constatées... et les sexagénaires.

Art. 9. Tous les ecclésiastiques du même département qui seront le cas des exceptions, seront réunis au chef-lieu du département, dans une maison commune, dont la municipalité aura l'inspection et la police.

Ce décret de déportation fut mis sans retard à exécution, et força des milliers de prêtres à émigrer.

III. PERSÉCUTION EXERCÉE A BOLLÈNE CONTRE LES RELIGIEUSES

Le 21 septembre 1792, la Convention remplaça l'Assemblée législative, et elle n'eut rien de plus pressé que de faire appliquer partout en France, et dans toute leur rigueur, les lois que l'on venait de faire contre les prêtres et les religieuses.

A Bollène, du 28 septembre au 5 octobre, tous les jours, le maire et les officiers municipaux, avec leur greffier, et le Procureur de la Commune, se rendirent aux monastères des Sacramentines et des Ursulines de cette ville, pour y faire « en conformité de la loi du 17 août dernier, l'inventaire des biens, des capitaux, des meubles, effets de sacristie, infirmerie, lingerie, bibliothèque, boulangerie, cave, chambres, linge... et mettre les scellés. »

Les procès-verbaux de leurs opérations sont aux archives départementales à Avignon.

Aux archives de la Mairie de Bollène, il y a la délibération suivante :

« L'an 1792 et le 9 octobre, le conseil de cette ville s'étant assemblé, le citoyen maire a dit que le conseil municipal a reçu, le jour d'hier, une lettre des administrateurs du district de l'Ouvèze, en date du 8 de ce mois, dont suit la teneur :

« Carpentras, 8 octobre, an 1er de la République.

« J'ai reçu, citoyens magistrats, votre lettre relative aux religieuses. Il est certain que la loi est de rigueur, et que depuis le 1ᵉʳ octobre, elles doivent être toutes dehors de leur prison. (C'est ainsi qu'on désignait alors les couvents.) Mais si, par la citation tardive du décret, elles se trouvent sans location, vous pouvez concilier ce qu'on doit aux lois, avec ce qui est dû à la justice et à l'humanité.

« Mais avant que ces citoyennes sortent, vous devez récoler l'inventaire fait ou qui doit l'être avec les effets: argenterie, meubles, ornements, etc... contenus dans ledit inventaire, et voir si rien n'a été soustrait. L'argenterie sera renvoyée au district, les effets inventoriés seront vendus à l'encan à ma diligence...

« Je vous salue fraternellement.

Le procureur syndic,

CONSTANT.

« Sur le contenu de cette lettre et de la loi, le conseil, ouï le procureur de la Commune et la lecture de la lettre et de la loi, a unanimement arrêté de se conformer à y-celle. En conséquence, a député les citoyens Antoine Verchère, Joseph Reynaud, Antoine Peyron, officiers municipaux et François Hippolyte Guilhermier notable, pour se transporter à la maison desdites religieuses du Saint-Sacrement; et les citoyens François Marchand, Jean-Baptiste Sermant, Joseph Marie Daudel, officiers municipaux, et Pierre Bès, procureur de la Commune, pour se transporter à la maison desdites religieuses de Sainte-Ursule de ladite ville, pour faire de nouveau aux religieuses la notification de la loi du 17 août dernier, au sujet de l'évacuation des maisons religieuses, ensuite procéder au récolement d'inventaire ou déclaration faite par lesdites religieuses, avec les effets: argenterie, meubles, ornements contenus dans les inventaires ou décla-

rations, examiner si rien n'a été soustrait, et en après, les effets inventoriés être vendus à l'encan à la diligence du procureur syndic, députant les citoyens Verchère et Reynaud, officiers municipaux, Simon, Pitton Melchior, pour assister aux enchères et délivrance des dits meubles et effets, et la production être retirée par le citoyen Jacques Varenne notable,

« Délibère que la susdite loi du 17 août 1792 sera ici insérée..... »

Le même jour, les commissaires délégués se mirent à remplir leur fonction et dressèrent ce procès-verbal:

« L'an 1792, et le 9 octobre, l'an 1 de la République française, Jean-Antoine Verchère, Joseph Reynaud, Jean-Antoine Peyron, officiers municipaux de la Commune de cette ville de Bollène, et M. François Hippolyte Guilhermier, notable, commissaires nommés par délibération du conseil d'aujourd'hui, pour accéder aux maisons des ci-devant religieuses de la ville, à l'effet de leur faire une nouvelle signification de la loi du 17 août dernier, et desuite procéder au récolement de l'inventaire ou déclaration faites par les religieusés, pour voir si rien n'a été soustrait, transcrire le récolement à la suite du présent procès-verbal, accompagnés de nous, secrétaire-greffier, nous nous sommes rendus à la maison des ci-devant religieuses du Saint-Sacrement.

« Et étant au parloir nous avons fait appeler la Sœur Supérieure et les autres religieuses composant leur communauté, auxquelles nous, secrétaire-greffier, avons de nouveau signifié la susdite loi du 17 août dernier, au moyen de la lecture qui leur en a été faite, comme aussi de la lettre écrite par les administrateurs du district de l'Ouvèze, et de celle du Procureur syndic dudit District du 8 du même mois, le tout afin qu'elles n'en ignorent, et qu'elles aient à se conformer à ladite loi, en évacuant ladite maison, dans le délai de 24 heures; leur ayant laissé copie du présent procès-verbal et de ladite loi.

« En foy de ce, les commissaires ont signé, et les sœurs ont déclaré ne vouloir signer.

(Archives départementales à Avignon.)

✻

« Du 12 octobre 1792, l'an 1 de la République Française, nous, susdits commissaires députés pour la confection du susdit inventaire et récolement d'y-celui, nous étant de nouveau transportés au dit monastère, et y étant entrés accompagnés de la Supérieure et de trois autres religieuses, avons continué le récolement du dit inventaire commencé dans la journée d'hier, et l'ayant parachevé, et y ayant trouvé tous les objets sus-écrits, nous avons de nouveau, au nom de la loi, signifié aux Religieuses, formant la cy-devant Communauté du Saint-Sacrement, d'évacuer la dite maison, et nous ayant déclaré être prêtes à obéir. Interpellées en outre de signer le présent procès-verbal, et s'y étant refusées, nous nous sommes emparés des clefs des différents appartements, et nous leur avons donné une décharge de la manière que cy-après:

« Du 12 octobre 1792, l'an 1 de la Rép. fr.

« Nous officiers municipaux et notable, commis pour faire l'inventaire du cy-devant monastère du Saint-Sacrement, déclarons de l'avoir parachevé, et fait le récolement d'y-celui, peu avant les présentes, et avoir trouvé tous les meubles effets, ornements d'église, vases sacrés et autres argenteries décrites dans ledit inventaire, disons de plus avoir reçu les clefs de l'église et de différents appartements de la maison.

En conséquence, nous déchargeons les citoyennes cy-devant Supérieure du monastère, ainsi que toutes les autres officières, de tous les meubles, effets, ornements, argenteries, titres et documents du cy-devant monastère, trouvés dans les archives d'y-celui. Déclarons en outre qu'ayant comparé la déclaration fournie par les Dames, nous l'avons trouvée conforme au dit inventaire, à la réserve de deux burettes, son bassin et clochette d'argent, que la citoyenne cy-devant Supérieure (Mme de la Fare) nous a déclaré lui appartenir en propre, ainsi qu'elle l'a prouvé par *l'orphaivre* (sic) qui les lui avait vendus, et elle se les est retenus.

« En foi de ce, nous avons donné copie du présent, aux cy-devant officières du dit monastère, pour leur servir et valoir envers qui il appartiendra.

« Et après, lesdites citoyennes cy-devant religieuses étant sorties, nous avons choisi et fait appeler les nommés Labour et Boyer pour gardians et séquestres des effets, auxquels nous avons remis la clef d'entrée et des autres appartements indispensables pour la garde de la dite maison. »

(Archives départementales à Avignon.)

Les Religieuses du Saint-Sacrement ne sortirent de leur monastère que le 13 octobre. La Mère du Saint-Esprit nous a conservé dans sa Relation le récit de cette dernière journée. Expulsées de leurs couvents, les Sacramentines et les Ursulines de Bollène profitèrent de la liberté qu'on leur laissa de vivre en communauté? elles louèrent des maisons où elles se réunirent et continuèrent dans la gêne et les privations, de suivre leur Règle et de faire les exercices de la vie religieuse. Elles purent vivre ainsi pendant dix-huit mois, sans être trop inquiétées.

IV. PERSÉCUTION EXERCÉE PAR LA CONVENTION

Lorsque la Convention eut achevé le procès de Louis XVI, et l'eut fait guillotiner, le 21 janvier 1793, elle ne se contenta plus des lois que les deux Assemblées précédentes avaient votées contre les prêtres et les religieux et les religieuses, elle en fit de nouvelles plus violentes pour satisfaire sa haine contre la religion.

14, 15 février 1793. *Décret* qui *accorde*, à titre d'indemnité et de récompense, la somme de cent livres à quiconque découvrira, ou fera arrêter une personne rangée par la loi dans la classe des émigrés, ou des prêtres qui doivent être déportés, et autorise les commissaires qu'elle envoie dans les départements, à suspendre les fonctionnaires, qui n'ont pas fait exécuter ponctuellement les lois relatives aux émigrés, et aux prêtres assujetis à la déportation.

10 mars 1693. *Décret* par lequel la Convention établit à Paris un *tribunal criminel extraordinaire*, qui juge sans appel, et devient *bientôt le tribunal révolutionnaire.*

18-22 mars 1793. *Décret* d'après lequel:

Art. 1ᵉʳ. Tout citoyen est tenu de dénoncer, arrêter les prêtres dans le cas de la déportation, qu'il saura être sur le territoire de la République.

Art. 2. Les émigrés et les prêtres dans le cas de la déportation, qui auront été arrêtés, seront conduits de suite dans les prisons du district, jugés par un jury militaire et punis de mort dans les vingt-quatre heures.

23-24 avril 1793. *Décret* qui bannit de France les prêtres, qui jusqu'alors n'étaient pas tenus par la loi au serment, s'ils refusent de le prêter.

Art. 1ᵉʳ. Tous les ecclésiastiques qui n'ont pas prêté le serment de maintenir la Liberté et l'Egalité, seront embarqués et transférés sans délai à la Guyane française.

Art. 2. Seront sujets à la même peine ceux qui seront dénoncés, pour cause d'incivisme, par six citoyens dans le canton.

Art. 4. Les vieillards âgés de plus de 60 ans, les infirmes et caducs seront renfermés dans une maison particulière dans le chef-lieu du département.

Art. 5. Les déportés en exécution des articles 1 et 2 ci-dessus, qui rentreraient sur le territoire de la République seront punis de mort dans les vingt-quatre heures.

*

Toutes les faveurs de la Convention étaient pour les prêtres apostats, qui se mariaient. Elle *décrétait*:

Le **27 juillet 1793.** Qu'aucune loi ne peut priver de leur traitement les prêtres qui se marient.

Le **12 aout** que toute destitution de ministre du culte, qui aurait pour cause le mariage des individus qui y sont attachés, demeure annulée, et le prêtre qui en est l'objet pourra reprendre ou continuer ses fonctions:

Le **20 aout 1793**: que les Evêques (même constitutionnels) qui apporteront soit directement, soit indirectement, quelque obstacle au mariage des prêtres, seront déportés et remplacés;

Le **17 septembre 1793** : que tout prêtre qui sera marié, et qui sera inquiété à ce sujet par les habitants de la commune de sa résidence, pourra se retirer dans tel lieu qu'il jugera convenable, et que son traitement lui sera payé aux frais de la commune qui l'aura persécuté.

V. PERSÉCUTION EXERCÉE PAR LES JACOBINS

La persécution devint encore plus atroce, lorsque les jacobins eurent triomphé des Girondins, et s'en furent débarrassés, en les envoyant à l'échafaud.

17 septembre 1793. *Décret* relatif aux *Suspects*.

Art. 1er. Tous les gens *Suspects* qui se trouvent dans le territoire de la République, et qui seront encore en liberté, seront mis en état d'arrestation.

Art. 2. Seront réputés gens *Suspects* : ceux qui, soit par leur conduite, soit par leurs relations, soit par leurs propos ou leurs écrits, se sont montrés partisans de la tyrannie ou du fédéralisme, et ennemis de la liberté, ceux a qui il a été refusé des certificats de civisme.

Art. 3. Les Comités de surveillance établis d'après le décret du 22 mars dernier, ou ceux qui leur ont été substitués par les représentants du peuple envoyés dans les départements, sont chargés, chacun dans son arrondissement, de dresser la liste des gens *suspects*, de décerner contre eux des mandats d'arrêt, et d'apposer les scellés sur leurs papiers. Les commandants de la force publique seront tenus de mettre sur le champ ces mandats à exécution, sous peine de destitution.

20-21 octobre 1793. *Décret* d'après lequel :

Art. 5. Les ecclésiastiques, sujets à déportation, qui rentreront ou seront rentrés sur le territoire de la République, seront envoyés à la maison de justice du département, sur lequel ils auront été arrêtés, et après avoir subi interrogatoire, dont il sera tenu note, ils seront dans les vingt-quatre heures livrés à l'exécuteur des jugements criminels et mis à mort, après que les juges du tribunal auront déclaré, que les détenus sont convaincus d'avoir été sujets à déportation.

Art. 10. Sont déclarés sujets à la déportation, jugés et punis comme tels, les évêques, les ci-devant archevêques, les curés, conservés en fonction, les vicaires de ces évêques, les supérieurs et directeurs des séminaires, les vicaires des curés, les professeurs, ceux qui auront prêché dans quelque église que ce soit ;... tous les ecclésiastiques séculiers ou réguliers, frères convers et lais, qui n'auront pas prêté le serment prescrit, ou l'auront rétracté.

Enfin tous ceux qui seront dénoncés pour cause d'incivisme.

Art. 12. Les ecclésiastiques, qui auront prêté le serment prescrit et qui seront dénoncés pour cause d'incivisme, seront déportés sans délai sur la côte de l'ouest de l'Afrique.

Art. 14. Les ecclésiastiques mentionnés en l'article 10 qui, cachés en France, n'ont pas été embarqués pour la Guyane, seront tenus, dans la décade, de se rendre auprès de l'administration de leur département, pour être arrêtés, embarqués et déportés.

Art. 15. Ce délai expiré ceux qui seront trouvés sur le territoire de la République, seront conduits à la maison de justice du tribunal criminel de leur département, pour y être jugés conformément à l'art. 3, (c'est-à-dire condamnés à mort et guillotinés dans les vingt-quatre heures.)

Art. 18. Tout citoyen est tenu de dénoncer l'ecclésiastique, qu'il sait être dans le cas de déportation ; de l'arrêter ou le faire arrêter et conduire devant l'office de police le plus voisin. Il recevra cent livres de récompense.

Art. 19. Tout citoyen qui recélerait un prêtre sujet à déportation, sera condamné à la même peine.

Ce décret atteignait tous les prêtres, et les rendait passibles de la déportation ou de la peine de mort. Les Jacobins voulaient se débarrasser d'eux pour détruire la Religion. Ils prirent d'autres moyens très efficaces pour obtenir ce résultat.

Ils *décrétèrent* :

Le **24 octobre 1793**, la suppression du calendrier grégorien, et son remplacement par un calendrier républicain, qui supprimait tous les saints, toutes fêtes et remplaçait le dimanche par le décadi.

Par le *Décret* des **3-4 novembre**, ils déclarèrent propriété nationale tout l'actif affecté aux fabriques et à l'acquit des fondations.

Ils remplacèrent le culte catholique par le culte païen de la déesse Raison. Ils *décrétèrent* le 10 novembre, sur la demande des citoyens de Paris, que l'Eglise métropolitaine de Notre-Dame était désormais le temple de la *Raison*.

Ils voulurent aussi se débarrasser des prêtres intrus et constitutionnels; ils décrétèrent le 13 novembre :

Art. 1er. Toutes les autorités constituées sont autorisées à recevoir des ecclésiastiques, ministres de tout culte la déclaration qu'ils abdiquent leur qualité.

Art. 2. Les listes de ces déclarations seront envoyées, tous les quinze jours, au Comité d'Instruction publique,

Les curés intrus s'empressèrent de donner leur démission. D'ailleurs les jacobins employèrent un moyen plus efficace qu'une simple invitation. Ils enlevèrent aux curés intrus leurs presbytères et leurs églises. Ils *décrétèrent*, le 16 novembre, que les presbytères et paroisses situés dans les *communes qui auront renoncé au culte public* seraient destinés au soulagement de l'humanité souffrante et à l'Instruction publique.

Les municipalités profitèrent de *l'autorisation* qui leur était donnée, elles *renoncèrent au culte public*, s'emparèrent des églises, les pillèrent et les affectèrent à des usages profanes, et au culte de la déesse Raison. Le culte catholique était ainsi complètement supprimé.

Cependant les jacobins continuaient de s'intéresser aux prêtres mariés, ou qui devaient se marier. Ils *décrétaient* le 20 novembre 1793 :

Art. 1er. Les ministres du culte catholique, qui sont actuellement mariés, ou qui auront réglé les conditions de leur mariage par acte authentique, ou justifieront de la publication de leurs bans, ne seront point assujétis à la déportation ni à la réclusion, quoique ils n'aient pas prêté le serment prescrit.

Les jacobins ne se trompaient pas : le mariage des prêtres était le meilleur moyen pour détruire la religion.

Ils avaient un peu oublié les religieuses qui, après avoir été privées de leurs biens et expulsées de leurs couvents, restaient fidèles à leurs vœux et à tous leurs devoirs de chrétiennes. Le bon exemple qu'elles donnaient, l'influence qu'elles exerçaient, contrariaient les vues impies des jacobins. Ils firent des lois contre les religieuses. Ils décrétèrent :

Le **3 octobre 1793** : ART. 1ᵉʳ. Les filles attachées à des ci-devant congrégations de leur sexe, et employées au service des pauvres, au soin des malades. ou à l'instruction, qui n'ont pas prêté le serment prescrit par la loi, sont déchues de toutes fonctions relavives à ces objets. Elles ne recevront aucune pension de retraite.

Bientôt les jacobins firent une loi qui atteignait toutes les Religieuses; ils décrétaient le 9 nivose, 29 décembre 1793.

ART. 1ᵉʳ. Les filles ou femmes attachées aux ci-devant congrégations de leur sexe sont assujéties au serment prescrit, par la loi du 14 août 1792, et celles qui ne l'ont pas prêté seront tenues de le faire, dans la décade qui suivra la publication du présent décret.

ART. 3. Les personnes ci-dessus dénommées qui ne justifieront pas avoir satisfait à la présente loi, dans le délai fixé par l'article 1ᵉʳ, seront privées des pensions ou traitements qui auraient pu leur être accordés, elles seront exclues des places qu'elles occupent, regardées comme *suspectes* et traitées comme telles.

✳

VI. PERSÉCUTION EXERCÉE PAR ROBESPIERRE ET SES AGENTS

Dans les premiers jours du mois d'avril 1794, lorsque Robespierre eut fait guillotiner ses adversaires Chaumette, Danton et leurs partisans, il se crut et fut pendant quelques mois le maître omnipotent au Comité de Salut Public et à la Convention.

C'est lui qui fit prendre et exécuter par ses agents les mesures les plus violentes, contre la religion, les prêtres, les religieuses. Il avait envoyé, au mois de février, un de ses affidés, le représentant Maignet, dans le département de Vaucluse, avec pleins pouvoirs pour y mettre à exécution toutes les lois révolutionnaires, pour y faire régner la *Terreur*.

Une des premières lois dont Maignet exigea l'application rigoureuse, ce fut celle qui concernait les religieuses. Depuis plusieurs mois, la loi du 9 nivose était votée, et on avait continué de laisser vivre tranquilles les 40 religieuses qui résidaient à Bollène. Mais Maignet ne tarda pas de rappeler cette loi aux municipalités et aux Comités de surveillance. Il leur faisait écrire, le 23 germinal, 12 avril 1794, par un de ses subordonnés, Le Go, agent national près le district de Carpentras :

« Citoyens, la loi du 9 nivose assujétit, par l'art. 1ᵉʳ, toutes les ci-devant religieuses, à prêter, dans la décade de la publication de cette loi, le serment de maintenir la liberté et l'égalité, ou de mourir en les défendant. L'art. 3 veut que celles qui n'auront point satisfait à cette obligation, soient regardées comme suspectes et traitées comme telles.

« Il y a déjà plus de quatre décades d'écoulées, depuis la promulgation de la loi, vous avez par conséquent dû vous *assurer* de la personne de toutes les religieuses, qui n'ont pas prêté ce serment, si vous ne l'avez pas fait, je vous *requiers* de consulter les registres de la municipalité, et de faire mettre sur le champ en arrestation, et conduire à la maison de détention du chef-lieu du district toutes celles qui seraient dans ce cas.

« Salut et fraternité. » Le Go.

Alors la municipalité de Bollène signifia aux 40 religieuses, qui résidaient dans cette ville, la loi du 9 nivose qui leur prescrivait le serment. Deux fois elles refusèrent unanimement de le prêter.

Dans sa séance du 28 germinal, 17 avril, le Comité de surveillance de Bollène prit cette délibération :

« Le Comité, assemblé dans le lieu ordinaire de ses séances, un membre, après avoir obtenu la parole, a dit que dans cette cité, il y avait une quarantaine de religieuses, dont l'exemple seul entretenait le fanatisme dans cette commune; que notre municipalité, informée que leur fanatisme empêchait les progrès de la révolution, dans l'esprit et le cœur de la majeure partie de nos concitoyens, elle les fit interpeller le,.. et le,.. et leur signifia de prêter, dans le cours de la décade, le serment de maintenir l'égalité et la liberté exigé par la loi ; à quoi toutes se refusèrent, et a fini par demander que la matière fut mise en délibération. « Le Comité, après une longue discussion, a délibéré que toutes les ci-devant religieuses, seraient mises en *état d'arrestation* dans la maison qu'elles habitent respectivement, jusqu'à ce que le Comité ait fixé le jour de leur traduction à Orange, pour être renfermées dans la maison nationale, que le district y a fait préparer pour recevoir les personnes *Suspectes*, attendu que le refus qu'elles ont fait est une preuve bien authentique de leur incivisme et de leur haine pour la révolution, et ont tous les membres présents signé. »

Un mandat d'arrêt fut signifié à chaque religieuse. Ces mandats sont tous semblables à celui qui fut notifié à Suzanne de Gaillard.

« Au nom de la loi,

« Nous, membres du Comité de surveillance révolutionnaire de cette commune, mandons et ordonnons à Suzanne Gabrielle Gaillard, cy-devant religieuse du Saint-Sacrement de Bollène, de rester en état d'arrestation dans sa maison, où elle se trouve, jusqu'à ce que le Comité ait fixé le jour de son *exportation* à Orange, pour être enfermée dans la maison nationale, que le district y a fait préparer pour recevoir les personnes *Suspectes*, attendu que le refus qu'elle a fait est une preuve authentique de son incivisme, et de sa haine pour la révolution.

Donné en Comité, ce 1ᵉʳ floréal, 20 avril de la 2ᵐᵉ année républicaine, et y avons mis le sceau. »

Séance du 3 floréal

« Le Comité, assemblé dans *les* lieu de ses *séance ordinaire*, le présid*ant a ouver* la séance et a présenté aux membres *présent* les *mandat* d'arrêt *fait* contre les ci-devant religieus*e* qui *habite* cette commune et ils ont été de suite *signé* et leur avons *apozé* le *seau*, et en outre avons fait appeler les trois gendarmes et leur a été remis à chacun lesdits man*dat* d'arrêt, qu'il *on* tout incontinant *signifié* et nous ont rapporté les avoir *intimé audit* ci-devant religieuse, à la réserve de Marie Lambert et Marie Béguin, qu'il nous *on* dit être *partie* de cette commune, et ont les membres signé. »

Le 12 floréal, 1ᵉʳ mai, le Comité donna à toutes les religieuses l'ordre de se tenir prêtes à partir le lendemain pour Orange, à 6 heures du matin, et réquisition fut faite à la municipalité de se procurer les voitures nécessaires. Sept religieuses étaient malades. Catherine de Simiane, Suzanne Fort, Gabrielle de Serre, Anne Turne, *Ursulines*. Marguerite Bonnet, Jeanne-Françoise Desplans, Veuve de Roquard et Madeleine de Roquard, *Sacramentines*. Le Comité les maintient en arrestation dans leur maison, si mieux elles n'aiment se faire transporter dans les communes où elles ont pris naissance.

Séance du 12 floréal, 1ᵉʳ mai 1794

« Le présid*ant* a *ouver* la séance. Un membre a dit *qui* serait à *propeau* de faire conduire à Orange les ci-devant reli*gieuse* qui ont été mises en état d'arrestation dans les maisons qu'elles habitent, en vertu de l'arrêté du 28 germinal dernier. Le Comité a unanimement arrêté que les dites ci-devant *religieuse* seront averties par un billet que le *secretere* expédiera à chacune *delle*, avec *somation* de se tenir prête à être transportée demain 13 floréal, dans la maison d'arrêt du district *dorange*, pour partir à 6 heures du matin. En conséquence, il sera fait une pétition à la municipalité pour qu'elle leur procure les voitures nécessaires.

Et ici même, sur les pétitions qui leur ont été faite par les cidevant religieuses Simiane, Fort et Serre *quelle* était *or* d'état de pouvoir être *transportée*, le Comité a chargé les officiers de santé de les *examiné* et ensuite lui en faire rapport ce qui a été fait comme il consiste par *latestation* dont lecture a été ici même faite, par laquelle il *ateste* que la citoyenne Simiane *et or* d'état d'être transportée tant à raison de sa maladie que de son grand âge, ainsi que Suzanne Fort, de même que Gabrielle Serre pour avoir une maladie qui exposeré à perdre la vie les personnes qui serait auprès d'elle.

Sur quoi le Comité a arrêté que lesdites Simiane Fort et Serre resteront dans les maison en arrestation où elles habitent, jusques à ce qu'elle soit en état d'être transportée dans la maison nationale à Orange cy mieux *elle* n'aime se faire transporter dans la commune ou elles ont *prit nescance*, et ont les membres présents *signés*. »

29 Religieuses de Bollène furent conduites, le 2 mai, dans la prison de la Cure à Orange. Le 15 juillet on conduisit encore 7 Religieuses de Bollène dans la même prison, où se trouvèrent réunies 55 religieuses et 198 femmes. Les hommes en bien plus grand nombre étaient incarcérés dans cinq autres prisons que Maignet s'était hâté de faire préparer à Orange. Il y réunissait tous les *Suspects* qu'il faisait emprisonner, parce qu'il était en instance, pour faire établir dans cette ville un tribunal révolutionnaire avec les pouvoirs les plus étendus, qui lui permettraient d'expédier rapidement ses jugements, et d'envoyer chaque jour à la guillotine de nombreuses victimes.

Il envoya à Paris son secrétaire Lavigne avec une lettre datée d'Avignon, le 4 floréal, 23 avril, qu'il adressait à son ami Couthon, dont il avait été le collaborateur à Lyon; il lui disait: « Tu verras, mon bon ami, mon compatriote Lavigne; il va vous exposer la situation du département de Vaucluse, et tu verras *qu'il est urgent d'y porter* de grands remèdes... Je vous demande de m'autoriser à former un *tribunal révolutionnaire*. Il est indispensable pour nous, de suivre promptement les chefs des fédéralistes qui fourmillent dans nos deux départements..... car il faut vous dire que dans ces deux départements, (de Vaucluse et des Bouches-du-Rhône) je porte à douze, à quinze

mille hommes *ceux qui ont été arrêtés.*
Il faut *épouvanter*, et le coup n'est vraiment effrayant, qu'autant qu'il est porté
sous les yeux de ceux qui ont vécu avec
les coupables.

« En m'obtenant ce point,... vous
pouvez vous tranquilliser, je vous rendrai
bon compte de ce département, où il faut
tout créer... sois bien assuré qu'on ne se
fera jamais l'idée de ce qu'est la mission
qui m'est confiée. N'importe, j'ai la certitude d'y faire quelque bien. J'y donnerai au moins la paix et la consolation
aux patriotes.

« Rappelle-moi au souvenir de ta chère
moitié, une embrassade à ton petit
Hippolyte.

« Tout à toi. »

MAIGNET.

(*Rapport de Courtois sur les papiers de
Robespierre.*)

Lavigne resta à Paris, faisant chaque
jour de nouvelles instances, jusqu'à ce
qu'il eût obtenu l'établissement d'un tribunal révolutionnaire à Orange. Maignet
fit présenter à Robespierre par les citoyens Payan, de la Drôme, les noms
des citoyens capables d'être membres du
tribunal, et c'est sur cette liste que furent
choisis le président et les quatre juges.
Ils étaient tous étrangers au département
de Vaucluse.

Le 21 floréal, 10 mai, le Comité de
salut public prit cet arrêté :

« Du 21 floréal, an 2ᵐᵉ de la République
Française, une et indivisible.

« Le Comité de Salut public, arrête qu'il
sera établi à Orange, une Commission
populaire composée de cinq membres,
pour juger les ennemis de la Révolution
qui seront trouvés dans les pays environnants, et particulièrement dans les

départements de Vaucluse et des Bouches-du-Rhône.

« Les membres de cette Commission
seront les citoyens :

Fauvety, juré au tribunal révolutionnaire de Paris, président.

Melleret, du département de la Drôme.

Roman-Fourosa, président de l'administration du district de Die.

Fernex, juge du tribunal du district de
commune affranchie (Lyon).

Ragot, menuisier, rue d'Auvergne à
commune affranchie.

« Le citoyen Maignet, représentant du
peuple, est chargé d'instituer cette Commission sans délai.

« Le Commissaire des administrations
civiles fera exécuter le présent arrêté.

« Signés au registre: Robespierre, Carnot, Collot d'Herbois, Billaud-Varenne, B.
Barrère, R. Lindet, Couthon. C. A. Prieur.

« Pour extrait:

Signés: Collot d'Herbois, Couthon,
Robespierre, R. Lindet.

Le Comité de Salut public chargea
Lavigne de porter à Maignet cet arrêté,
avec la lettre suivante :

Paris 23 floréal, an II de la République
Française, une et indivisible.

Le Comité de Salut public,

A Maignet, représentant du peuple,
en mission dans les départements des
Bouches-du-Rhône et de Vaucluse.

Le citoyen Lavigne, ton envoyé, te
remettra avec cette lettre, citoyen collègue, une expédition par ampliation de
l'arrêté du Comité qui établit une Commission à Orange. Tu demeures chargé
de l'installation de cette commission,
Le Comité attend du zèle, dont tu as

donné constamment des preuves dans ta mission, que tu ne perdras pas un instant à mettre cet établissement nécessaire en activité. Il faut que justice prompte et sévère soit faite de tous les scélérats qui, par divers moyens, ont tenté de perdre le Midi. La société formée pour l'accaparement des biens nationaux ne doit pas être oubliée. Quand les preuves certaines de son existence seront entre tes mains, il n'y aura pas à délibérer, pour faire punir les infâmes qui sont entrés dans cette coalition.

« Le Comité a vu avec satisfaction, que dans toutes les opérations, tu avais parfaitement bien répondu à la confiance de la Convention nationale. Je t'invite à marcher toujours sur la même ligne.

« Salut et fraternité. »

Les membres du Comité de Salut public.

Signés à l'original: Couthon, Robespierre, Carnot, Billaud-Varenne.

⁎

De sa propre autorité, Robespierre donna à la Commission populaire d'Orange les pouvoirs les plus exorbitants, bien plus étendus que ceux du tribunal révolutionnaire de Paris. Il les lui transmit par l'intermédiaire de Maignet, à qui il écrivit:

Paris, le 29 floréal, an 2ᵐᵉ de la République une et indivisible.

Le Comité de Salut public

Au citoyen Maignet, représentant du peuple, à Avignon.

« Cher Collègue,

« Nous te faisons passer une expédition de l'*Instruction* qui va régler la conduite et les devoirs des membres de la Commission populaire établie à Orange, et

dont tu as été chargé de l'installation, par notre arrêté du 20 floréal (18 mai).

Salut et fraternité. »

Signés à l'original: Robespierre, Carnot, Billaud-Varenne.

Instruction des membres (sic) de la Commission populaire établie à Orange, par Arrêté du Comité de Salut public:

Du 29 floréal, l'an 2ᵐᵉ de la République, une et indivisible.

« Les membres de la Commission établie à Orange, sont nommés pour juger les ennemis de la Révolution.

Les ennemis de la Révolution sont tous ceux qui par *quelques moyens que ce soit*, et de quelques dehors qu'ils se soient couverts, ont cherché à contrarier la marche de la Révolution, et à empêcher l'affermissement de la République.

« La peine due à ce crime est la mort; la preuve requise pour la condamnation sont *tous les renseignements de quelque nature qu'ils soient*, qui peuvent convaincre un homme raisonnable, ami de la liberté.

« La règle des jugements est la conscience des juges, éclairés par l'amour de la justice et de la patrie.

« Leur but, le salut public et la ruine des ennemis de la patrie.

« Les membres de la Commission auront sans cesse les yeux fixés sur ce grand intérêt; ils lui sacrifieront toutes les considérations particulières.

« Ils vivront dans cet isolement salutaire, qui est le plus sur garant de l'intégrité des juges, et qui par cela même leur concilie la confiance et le respect. Ils *repousseront toutes les sollicitations dangereuses*, ils fuiront toutes les sociétés et toutes les liaisons particulières, qui peuvent affaiblir l'énergie des défenseurs de la liberté, et influencer la conscience des juges.

« Ils n'oublieront pas qu'ils exercent *le plus utile et le plus respectable ministère*, et que la récompense de leur vertu sera le triomphe de la République, le bonheur de la patrie et l'estime de leurs concitoyens. »

Signé à l'original: Carnot, Billaud-Varenne, Couthon.

Il n'y a pas la signature de Robespierre sur cette *Instruction ;* mais Louis Blanc, *Histoire de la Révolution*, t, X, p. 472, dit que Robespierre fut le rédacteur de cette Instruction, et Taine, *Origines de la France contemporaine*, t. III, pag. 210, dit également: Les Instructions pour le tribunal révolutionnaire d'Orange sont écrites de la main de Robespierre (Archives nationales F. 4439).

C'est donc Robespierre qui avait inventé cet horrible code pénal. Il voulait tout dominer, et il faisait guillotiner tous ceux qui ne pensaient pas comme lui: Il voulait *détruire la religion catholique*, parce que à sa place il voulait établir une *religion d'Etat*, dont il appartenait *au souverain*, — et *le souverain*, c'était lui, — de fixer les articles de la *profession de foi*, non pas précisément, disait Rousseau, *comme dogmes de religion, mais comme sentiments de sociabilité, sans lesquels, il est impossible d'être bon citoyen et sujet fidèle.*

Il était spiritualiste *lui aussi*, et il n'avait pas été satisfait du culte matérialiste de la *Nature* et de la déesse *Raison* inventés et essayés par Hébert et Chaumette, qui contrariaient ses vues. Il s'était débarrassé d'eux en les envoyant à l'échafaud, et alors, il crut avoir le champ libre, pour établir sa *Religion d'Etat*. Le 18 floréal, 7 mai 1794, il fit à la Conven-

tion un rapport *sur les idées morales et religieuses dans leur rapport avec les principes républicains*, et il fit porter ce décret: *Le peuple français reconnait l'existence de l'Etre Suprême et de l'immortalité de l'âme.*

Le 20 prairial suivant, 8 juin, il inaugura aux Tuileries la première fête de l'Etre Suprême; il pontifia, il pérora: « mais il entendit des murmures et des injures. Furieux contre ceux qui ont osé le braver en face, il ne songe qu'aux moyens de les faire périr. Deux jours après, seul avec Couthon, sans prévenir ses collègues, il a rédigé, il apporte et fait voter par la Convention la terrible loi du 22 prairial, 10 juin, qui met à sa disposition toutes les vies. »[1]

Cette loi qui est la première qui fut insérée au *Bulletin des Lois*, donnait, au tribunal révolutionnaire de Paris, tous les pouvoirs exorbitants que, le 18 mai précédent, Robespierre, de sa propre autorité, avait attribués aux juges de la Commission populaire d'Orange dans l'*Instruction* qu'il avait écrite pour eux.

Ainsi il est dit aussi dans la loi du 22 prairial:

ART. 4. Le tribunal révolutionnaire est institué pour punir les ennemis du peuple.

ART. 5. Les ennemis du peuple sont ceux qui cherchent à anéantir la liberté publique.

ART. 6. Ceux qui auront cherché à égarer l'opinion et empêcher l'instruction du peuple, à altérer l'énergie et la pureté des principes révolutionnaires et républicains, ou à en arrêter les progrès, soit

---

[1] Taine, *Les Origines de la France contemporaine*, t. III, p. 217.

par des écrits, soit par toute autre machination...

Art. 7. La peine portée contre tous les délits dont la connaissance appartient au tribunal révolutionnaire, est la mort.

Art. 8. La preuve nécessaire pour condamner les ennemis du peuple est toute espèce de documents, soit matérielle, soit morale, verbale ou écrite, qui peut naturellement obtenir l'assentiment de tout esprit juste et raisonnable; la règle des jugements est la conscience des jurés éclairés par l'amour de la patrie; leur but, le triomphe de la République, et la ruine de ses ennemis ; la procédure, les moyens simples que le bon sens indique, pour parvenir à la connaissance de la vérité, dans les formes que la loi détermine.

Art. 16. La loi donne pour défenseurs aux patriotes calomniés, des jurés patriotes: elle n'en accorde point aux conspirateurs...

L'Instruction de Robespierre aux juges de la Commission d'Orange et sa loi du 22 prairial étaient un vrai code de l'assassinat légal, qui privait les accusés de défenseurs, remplaçait les preuves matérielles par les preuves morales, et punissait de mort quiconque ne pensait, n'agissait comme le gouvernement. Avant la loi du 22 prairial, en treize mois le tribunal de Paris avait fait exécuter 1220 sentences de mort; après cette loi en quarante-neuf jours, il en fit exécuter 1376.

Dans le département de Vaucluse, avant l'établissement de la Commission populaire, le tribunal criminel d'Avignon avait condamné à mort 47 prisonniers, parmi lesquels y avait 17 prêtres ou religieux. A Orange, Maignet s'empressa

d'installer, le 3 juin, son tribunal révolutionnaire, dont il ne cessa de stimuler l'activité. Ses juges siégèrent pour la première fois, le 1ᵉʳ messidor, 19 juin, et en 44 séances, dont la dernière se tint le 17 thermidor, 4 août, ils envoyèrent à l'échafaud 332 victimes, parmi lesquelles il y eut 33 prêtres, 1 diacre, 2 abbés, et 32 religieuses. Leur nombre eût été bien plus grand, si, après la chute de Robespierre, au 9 thermidor, la Convention n'eût pris un arrêté pour suspendre les pouvoirs de la Commission populaire d'Orange. Cet arrêté ne put lui être signifié que le matin du 18 thermidor, 5 août, et sur le champ, il fut mis à exécution.

VII. DOCUMENTS LES PLUS ANCIENS SUR L'EMPRISONNEMENT LA CONDAMNATION, & LA MORT DES 32 RELIGIEUSES GUILLO-TINEES A ORANGE AU MOIS DE JUILLET 1794.

Il y a plusieurs *Relations* très anciennes de la mort des 32 Religieuses. Les deux premières qui furent imprimées, se trouvent dans le tome 1ᵉʳ, 2ᵐᵉ partie des *Mémoires pour servir à l'histoire de la persécution, recueillis par les ordres de Notre Très Saint Père le Pape Pie VI, par l'abbé d'Hesminy d'Auribeau, archidiacre et vicaire général de Digne, imprimés à Rome à l'imprimerie de Louis Perego Salvioni MDCCXCV.* On trouve des exemplaires de ces Mémoires dans les bibliothèques de Rome. Il y en a un aussi à la bibliothèque du grand séminaire d'Avignon.

A la page 536 de ces *Mémoires*, il y a une première *Relation* sur les Religieuses de Bollène. Elle est fort courte. Elle débute ainsi : « A Bollène, ville du Comtat Venaissin, diocèse de Saint Paul Trois Châteaux (dont le respectable Evêque, M. Reboul de Lambert, est mort pendant la Révolution, et auquel PIE VI a donné pour administrateur Apostolique M. Tavernier de Courtines), à Bollène, onze religieuses de Sainte Ursule, douze du Très Saint Sacrement, et dix neuf religieuses du Pont-Saint-Esprit ou d'Avignon, furent conduites dans les prisons d'Orange, dans le mois de mai 1794. Vers le commencement d'octobre de la même année, on les vit aller tranquillement au supplice. »

Il y a quelques erreurs dans ce début. Le 2 mai, ou on ne conduisit de Bollène dans la prison d'Orange que 29 religieuses, parmi lesquelles : il y avait douze Sacramentines. Dans les jours qui suivirent jusqu'au 19 juillet, on emprisonna d'autres religieuses de divers pays, et leur nombre total fut de 55. Ce n'est pas au commencement d'octobre, c'est au mois de juillet qu'elles allèrent au supplice.

En disant dès les premières lignes que M. Tavernier était Administrateur Apostolique du diocèse de Saint Paul, l'abbé d'Auribeau semble insinuer que c'est de lui qu'on avait reçu cette première Relation. M. Tavernier était alors émigré résidant à Pise, et il dut s'empresser de transmettre au Pape les premières nouvelles, fort succintes et incomplètes qu'il avait reçues de France, sur les victimes guillotinées à Orange. Il ne savait ni le nom, ni le nombre exact des religieuses qu'on avait tuées, ni la date précise de leur mort. D'après l'époque où ces renseignemets lui avaient été transmis, il crut que les 42 religisuses emprisonnées avaient toutes subi leur supplice au commencement d'octobre 1794.

La seconde moitié de cette courte Relation est très exacte, elle exprime très bien le sentiment d'admiration qu'exctita le généreux *sacrifice de ces saintes victimes.* « ... Vers le commencement d'octobre, on les vit aller tranquillement au supplice, et ce spectacle était digne de l'admiration du ciel et de la terre : point de plaintes, point de larmes, pas même un soupir. Ces saintes victimes, en arrivant au lieu de leur triomphe, embrassèrent l'échafaud, remercièrent les juges, pardonnèrent à leurs bourreaux ; et la paix dans le cœur, la sérénité sur le front, elles consommèrent ainsi leur sacrifice. Les spectateurs en furent consternés, et l'on disait tout bas : « La Religion seule peut inspirer tant de courage et de sécurité. »

A la page 1014 du même volume de ses Mémoires, l'abbé d'Auribeau a inscrit une seconde Relation que, par rapport à la première qui est fort courte, il a intitulée :

RELATION PLUS DÉTAILLÉE DU MASSACRE DES RELIGIEUSES A ORANGE

C'est le récit simple et touchant de la vie des Religieuses dans la prison d'Orange, et de leur fermèté invincible devant leurs juges et sur l'échafaud. Ce sont quelques pages que l'on dirait extraites des *Actes des martyres* des premiers siècles de l'Eglise.

L'abbé Guyon, dans ses *Martyrs de la Foi*, tome 1, pages 417 et 418, dit ? « Le serment, que les juges demandaient aux prêtres et aux religieuses, était, non plus celui de la *Constitution civile du clergé*, mais celui de *Liberté-Égalité*. Nous en trouvons une preuve irréfragable dans les *Mémoires* envoyés à Rome sur le meurtre de ces religieuses, par M. l'abbé

Tavernier de Courtines, que Pie VI avait institué administrateur apostolique du diocèse de Saint-Paul-Trois-Châteaux, auquel appartenait Boulène. On y lit, comme ailleurs, que le président du tribunal, après avoir interrogé sur son nom, son âge et sa profession, la victime qui lui était livrée, lui demandait si elle avait fait, ou si elle voulait faire le serment de *Liberté-Égalité*. Toutes les religieuses, comme les prêtres, répondaient successivement: Ce serment est contraire à ma conscience, mes principes religieux me le défendent. Souvent le président insistait, en disant à chacune d'elles, avec le grossier tutoiement d'alors: Tu es encore à temps de prêter ce serment; et tu peux à ce prix être innocentée par nous. — Chacune d'elles répliquait à son tour: Je ne puis sauver ma vie aux dépens de ma Foi. Sur une telle réponse, l'arrêt de mort était aussitôt prononcé. Toutes allèrent au lieu du supplice avec une céleste allégresse, et, *comme à un festin de noces*, suivant l'expression d'un témoin oculaire. »

Cette citation faite par l'abbé Guillon, d'après *les Mémoires* envoyés au Pape par l'abbé Tavernier, ne se trouve pas dans la *Relation* imprimée à Rome en 1795.

L'abbé Granget, dans son *Histoire du diocèse d'Avignon*, tome 2, page 503, dit aussi: « Nous croyons que tous ces détails sur les Religieuses de Bollène, furent recueillis par un prêtre extrêmement respectable, M. l'abbé Tavernier, qui en fit une *Relation* détaillée et l'envoya au Saint Père. »

Nous croyons plutôt que M. Tavernier, alors résidant à Pise, reçut de ses amis de France cette Relation toute faite, et qu'il la transmit au Pape, en n'y faisant que de légères modifications.

En effet, à la bibliothèque du Musée Calvet, à Avignon, il y a parmi les papiers du chanoine Corenson, une très ancienne *Relation manuscrite* sur les Religieuses de Bollène. Dans des notes qu'il écrivait, en novembre 1868, le dit chanoine a consigné ces indications: « Il y a de nombreuses copies manuscrites de la Relation publiée à Rome par M. l'abbé d'Auribeau; plusieurs ont passé sous mes yeux. Celle qui est tombée en ma possession, forme un petit cahier de 16 demi-feuilles, plus une pour le titre. Cet écrit porte la date du 14 août 1794, 19 jours après l'immolation des cinq religieuses qui complétèrent le nombre de 32, dix jours après la dernière exécution ordonnée par la Commission populaire d'Orange. Ce cahier tout jauni par le temps me parait être de l'écriture d'une femme.

« Sur la première feuille, il n'y a que ce titre (textuel):

*Martire des
Religieuses de Bollène
et autres du tems de la
terreur arrivé le 14 Août 1794.*

« on avait écrit d'abord 1804, mais ensuite les deux chiffres du milieu ont été corrigés, et une autre main a écrit 1794. Le titre lui-même n'est pas de la main qui a commencé le récit, à la feuille suivante, et l'a continué jusqu'à la fin. »

M. le chanoine Corenson indique dans ses notes que *la Commune*, journal d'Avignon, a reproduit, en 1851, son manuscrit ou un autre littéralement semblable; et nous avons constaté qu'au numéro de la *Commune* du 22 novembre 1851, se trouve la *Relation sur les Religieuses de Bollène guillotinées à Orange au mois de juillet l'an 1794;* et qu'elle est, sauf

quelques mots, tout à fait conforme au manuscrit de M. Corenson. Un des rédacteurs du journal a ajouté cette note: « Cette Relation nous a été remise en manuscrit; nous avons cru devoir la reproduire telle quelle. Elle est terminée par un cantique intitulé: *Sentiments de confiance sur la guillotine*, strophes pleines d'une naïveté navrante que ces saintes victimes chantaient sans doute, en allant au supplice, ou en s'y préparant.
J. ROUMANILLE.

Les couvents des Religieuses du Saint Sacrement de Bollène et d'Avignon possédaient d'anciennes *Relations manuscrites* semblables à celle du Musée Calvet. Il n'a plus été possible de les retrouver.

Cependant le couvent de Bollène conserve un vieux manuscrit de 416 pag. intitulé: *Relation sur la fondation des Religieuses du Saint Sacrement, faite en l'année 1725, à Bollène.*

Vers la fin de ce *manuscrit*, à la page 400, il y a un *Extrait du Martyre des Religieuses retirées à Bollène.* Une copie de tout ce *manuscrit* se trouve au couvent du Saint Sacrement d'Avignon. La Relation qu'il renferme est conforme avec celle du Musée Calvet, à Avignon, mais il n'y a en tête aucune date.

Le couvent du Saint Sacrement de Carpentras possède aussi une *Relation manuscrite* qui paraît fort ancienne. Elle est tout-à-fait semblable à celle du Musée Calvet et elle porte aussi la date du 14 août 1794; elle a dû être copiée sur un *Manuscrit* qui portait cette date.

M. V. de Baumefort dans son livre: *Le Tribunal révolutionnaire d'Orange*, imprimé à Avignon par M. Fr. Séguin aîné, 1875, dit à la page 99: « Nous devons à l'obligeance de M. le docteur Martial Millet d'Orange, (c'était un des petits fils du propriétaire de la chapelle de Laplane,) la communication d'un mémoire, écrit évidemment de la main même de l'une de ces saintes recluses qui échappèrent à la mort, par la chute de Robespierre. Nous donnons ici un extrait de ces souvenirs, où respire la plus touchante et la plus naïve piété. »

Tout ce qu'il cite du Mémoire de M. Millet, qui est aussi daté du 14 août 1794, est conforme aux Relations manuscrites de M. Corenson au Musée Calvet, et des couvents du Saint Sacrement.

Dans ses notes, M. Corenson dit que sa Relation manuscrite « lui a paru ce qu'il y a de plus conforme à celle qui fut imprimée à Rome en 1795. » Faut-il en conclure que les *Relations manuscrites* ont été copiées, sur celle qui fut imprimée à Rome en 1795? Nous ne le croyons pas; les Mémoires de M. l'abbé d'Auribeau étaient alors inconnus en France. La conformité de la relation imprimée à Rome, avec celles qui sont manuscrites, nous porte à croire, qu'elles sont toutes des copies d'une Relation qui fut faite, tout de suite après la mort des 32 Religieuses; car sur quatre anciennes Relations manuscrites que nous connaissons, il y en a trois: celle du Musée Calvet, celle qui est citée par M. de Baumefort, et celle du couvent de Carpentras, qui portent en tête la date du 14 août 1794, date qui a dû être aussi copiée sur la rédaction primitive. Nous pensons qu'une copie de cette première rédaction fut envoyée à M. Tavernier, qui la transmit au Pape Pie VI. Comme le présume M. de Baumefort, la Relation primitive a-t-elle été écrite par une des Religieuses qui échappèrent aux prisons d'Orange? Ou bien a-t-elle été rédigée par un des prêtres fidèles, comme M. le curé Boussier et le

Père Thomas Queyras, qui ne cessèrent alors de braver tous les dangers, pour rester à Orange et y exercer leur saint ministère? Nous souhaitons de pouvoir trouver des documents qui nous permettent de répondre à cette question.

Nous allons présenter sur deux colonnes en regard :

1° La *Relation* imprimée à Rome en 1795, dans les *Mémoires* publiés par l'abbé d'Aurieau.

2° La *Relation manuscrite* du Musée Calvet, à Avignon.

C'est inutile de citer aussi les Relations manuscrites des trois couvents du Saint Sacrement, et celle du manuscrit du docteur Martial Millet, reproduite par M. de Beaumefort; elles sont identiques avec celle du Musée Calvet. En comparant cette dernière Relation avec celle qui fut imprimée à Rome en 1795, on verra qu'elles sont identiques pour le fond, et que, pour la forme, elles n'ont que de très légères différences, et il sera facile de conclure qu'elles sont des copies d'une *Relation* primitive qui fut rédigée tout de suite après la mort des 32 Religieuses, le 14 août 1794, vingt jours après l'exécution des cinq religieuses qui furent guillotinées les dernières, le 26 juillet, et 10 jours après la suspension des pouvoirs du tribunal révolutionnaire d'Orange.

RELATION

Imprimée à Rome en 1795

DANS LES MÉMOIRES DE L'ABBÉ D'AURIBEAU

~~~~

RELATION

plus détaillée du massacre des Religieuses

A ORANGE

" Le 2 Mai 1794, quarante deux Religieuses de Bollène ayant été transférées
à Orange, pour y être incarcérées, commencèrent à se préparer à leur grand
sacrifice, par l'exercice de toutes les
vertus religieuses, par une prière continuelle et un profond silence, ne prenant
que peu de nourriture et de repos. Leur
conduite édifiante, étant digne de servir
de modèle, nous devons en conserver
avec respect la mémoire.

Leurs exercices de piété commençoient
à 5 heures précises du matin; savoir:
une heure d'oraison en communauté,
l'office et la récitation de l'Exercice de
la S. Messe. A 8 heures, on se rassem-
bloit encore, et l'on récitoit les litanies
des Saints, la préparation à la mort, les
prières pour la confession en général, la
communion spirituelle en viatique, et
l'extrême-onction. On renouvelloit les
vœux du batème, de la confirmation et
de la sainte religion. Quelques-unes, dans
les transports de la ferveur, s'écroient:
*Oui, je suis Religieuse, et j'ai une grande
consolation de l'être; je vous remercie,
Seigneur, de m'avoir accordé cette grâce.*

RELATION MANUSCRITE

Déposée par M. le chanoine Corenson

A LA BIBLIOTHÈQUE DU MUSÉE CALVET, A AVIGNON

~~~~

*MARTIRE DES
RELIGIEUSES DE BOLLÈNE
ET AUTRES DU TEMS DE LA
TERREUR ARRIVÉ LE 14 AOUT 1794.*

Il n'y a que ce titre à la première page.
La seconde page commence ainsi:

Le 14 août
1794

Le deux mai 1794, quarante-deux religieuses de Bolène, ayant été transférées
en réclusion à Orange, ont commencé à
se préparer à leur grand sacrifice, par
l'exercice de toutes les vertus religieuses
et par une prière continuelle, ne prenant
que bien peu de repos, en silence, et
bien peu de nourriture. Leur conduite
édifiante mérite trop de devenir le modèle des personnes qui leur survivent,
pour ne pas en faire un mémoire.

Leurs exercices de piété commencent à
cinq heures précises du matin: savoir une
heure d'oraison en communauté, l'office
et l'exercice récité de la sainte messe.

A sept heures, ces exercices étaient
achevés. Elles prenaient un peu de nourriture.

A huit heures, on se rassemblait
encore, et on récitait les litanies des saints
et celles des saintes de leur dévotion,
la préparation à la mort, la confession
en général, la communion spirituelle en
viatique, et les prières de l'Extrême-
Onction. On renouvellait les vœux du
baptême, de la confirmation et de la
sainte religion.

A 9 heures, c'étoit le moment de l'appel, et chacune se préparoit à marcher au tribunal avec joye ; souvent elles s'offroient d'elles-mêmes à parler les premières nommément les deux sœurs Roumillon, dont l'une fut emmenée et l'autre renvoyée au lendemain. Leur séparation ne pouvoit être longue ; elles se quittèrent les unes et les autres sans regret, dans l'espérance de se retrouver bientôt dans le Ciel.

Dès le moment que leurs chères compagnes étoient conduites devant le tribunal, celles qui restoient, se mettoient en prières, pour obtenir les lumières de l'Esprit-Saint au moment du combat. On imploroit le secours de la S. Vierge par la récitation de mille *Ave Maria ;* on répétoit des litanies sans nombre ; on faisoit des prières sur les paroles de J. C. en croix ; enfin il n'y avoit presque point d'interruption jusqu'à 5 heures du soir, tems ou l'on disoit l'office.

Lorsque le tambour annonçait que les victimes étoient conduites au supplice, on récitoit les prières de la recommandation de l'ame. Après 6 heures, on se félicitoit réciproquement, celles surtout qui étoient de la communauté dont les sœurs venoient de monter au Ciel, et on récitoit le *Laudate* avec une jouissance toute céleste. Chacune des victimes de ce troupeau d'élite, tâchoit de se préparer à son sacrifice par la plus grande pureté de conscience : elles s'accusoient à leur supérieure de leurs moindres fautes, gardant la retraite et un silence continuel. Quoique de différentes communautés, elles vivoient en commun comme les premiers chrétiens. Elles avoient mêlé leur linge, leurs provisions, leurs assignats. Parmi les Quarante-deux Religieuses qui s'étoient vouées volontaire-

Quelques-unes dans le mouvement de leur ferveur, s'échappaient à dire : oui, je suis religieuse, et j'ai une grande consolation de l'être. Je vous remercie, Seigneur, de m'avoir accordé cette grâce.

A neuf heures, c'était l'heure de l'apel, et chacune se préparait à marcher au tribunal, avec la plus douce satisfaction, s'offrant souvent d'elles-mêmes à parler les premières ; nomément les deux sœurs de sang Romillon, dont l'une, fut, emmenée, et l'autre renvoyée au lendemain ; leur séparation ne pouvait être longue ; elles se quittèrent les unes et les autres sans regret.

On trouvera ici joint le tableau du jour propre au martyre de chaque.

Celles qui restaient se mettaient en prières, du moment que leurs chères sœurs étaient enlevées, pour obtenir les lumières du Saint-Esprit, et la force nécessaire au moment d'un tel combat. On intéressait le secours de la Sainte Vierge par la récitation de mille *Ave Maria ;* on récitait des litanies sans nombre, on faisait des prières sur les paroles de Jésus-Christ en croix. Enfin, il n'y avait presque point de relâche jusqu'au soir, à cinq heures que l'on récitait l'office.

Lorsque le tambour annonçait que les patientes étaient conduites au supplice, on récitait les prières de la recommandation de l'âme.

Après six heures, on se félicitait réciproquement, surtout celles qui étaient de la communauté dont quelques-unes venaient de monter au ciel, et l'on récitait le *Laudate*, avec une joie toute céleste. Cette joie pure mais courte, leur donnait le moyen de souper avec un peu plus d'apétit qu'à l'ordinaire.

Chacune des victimes de ce troupeau d'élite tâchait de se préparer à son sacriment à la mort, par le refus de prêter *le serment de la liberté et de l'égalité*, le divin Epoux en a choisi trente-deux. Les dix qui sont restées, gémissent de n'avoir pu suivre leurs compagnes à la salle des nôces. Les juges en ont absous cinq pour contenter le peuple; et le tribunal ayant été cassé, les cinq dernières n'ont point été jugées.

L'allégresse que l'on voyoit peinte sur le visage de ces saintes filles, après leur jugement, encourageoit les autres condamnés, et leur faisoit désirer la mort. Plusieurs même qui étoient accablés de soucis à cause de leurs femmes et de leurs enfans, en faisoient le sacrifice de tout leur cœur, par les douces et pieuses exhortations de ces Religieuses. Elles ont une fois passé demi-heure en oraison, les bras en croix, pour obtenir les forces au père d'une nombreuse famille, qui se livroit au désespoir; et elles eurent la consolation de l'accompagner au supplice dans les sentiments les plus chrétiens. — *Nous n'avons pu dire nos vépres*, observèrent quelques-unes, *nous les chanterons au Ciel. — Oh! c'est trop beau!* s'écrioit la sœur des Anges Rocher, *peut-être que ceci ne sera pas vrai. —* La sœur converse, S. André, Sage, tomba la veille de sa mort dans une grande tristesse, et dit à une de ses compagnes: *Je crains que Dieu ne me juge pas digne du martyre.* — La sœur S. Bernard Roumillon faisoit depuis longtemps une prière à la S. Vierge, pour mourir le samedi, ou un jour consacré par une de ses fêtes, Elle a obtenu cette grâce, ayant été immolée le jour de N. D. du Mont Carmel. — La sœur du S. Sacrement, Just, avoit aussi fait la même demande à la S. Vierge pendant quinze ans: Elle eut le bonheur de consommer son sacri-

fice par la plus grande pureté de conscience, s'accusant à leurs supérieures de leurs moindres fautes, gardant une retraite étroite et un silence continuel.

Quoique de différentes communautés, elles vivaient en commun, comme les premiers chrétiens, elles avaient mêlé leur linge, leurs provisions, leurs assignats.

Parmi ces quarante-deux victimes volontaires destinées à la mort, pour s'être refusées de prêter le serment de la liberté et de l'égalité, le divin époux s'en est choisi trente-deux. Les dix restantes sont très affligées de n'avoir pu suivre leurs compagnes à la sale des noces, et quoique les juges en ayent déclaré quatre innocentes, pour contenter le peuple; les six dernières n'ont pas été jugées, le tribunal ayant été cassé.

La joie que l'on voyait sur leurs visages, après leurs jugemens, encourageait les autres à mourir avec joie, et leur faisait désirer la mort. Plusieurs même qui étaient accablés, désolés, à cause de leurs femmes et de leurs enfants, en faisaient le sacrifice de tout leur cœur, par les douces exhortations de ces saintes filles.

Elles ont passé une fois environ demi heure, les bras en croix, pour obtenir la force et la patience à un père d'une nombreuse famille, qui était au désespoir. Elles eurent la consolation de l'accompagner au supplice dans les sentiments les plus chrétiens.

Nous n'avons pu dire nos vêpres, dirent quelques-unes. — Nous les dirons au ciel. — O, c'est trop beau, disait la sœur des Anges Rocher, peut-être que ce ne sera pas vrai.

fice le même jour. *Nous avons*, dit-elle en présence de ses gardes, *nous avons plus d'obligations à nos juges, qu'à nos pères et mères; puisque ceux-ci ne nous ont donné qu'une vie temporelle, au lieu que nos juges nous procurent une vie éternelle.* L'un des gardes en fut attendri jusqu'aux larmes, et un paysan voulut lui toucher la main. L'amour divin dont son cœur étoit embrasé, la faisoit s'écrier: *O quel bonheur! Je suis bientôt au Ciel. je ne puis soutenir les sentimens de ma joye.* — La sœur Ste Françoise, Ursuline de Carpentras disoit, la veille de son martyre: *Quel bonheur, nous allons voir notre Epoux!* — Quelques-unes éprouvèrent d'abord la terreur de la mort: mais à mesure que le jour du supplice approchoit, elles jouissoient du calme le plus parfait et de la paix la plus profonde. Des gens d'arme, témoins de leur constance, dirent à d'autres, d'un ton d'ironie et de blasphème: *Regardez ces... meurent toutes en riant.* — *Qui es-tu?* dit le juge à la sœur Thérèse Consolant: — *Je suis fille de l'Eglise.* — *Qui es-tu?* dit-il à la sœur Claire du Bas. — *Je suis religieuse, et la serai jusqu'à la mort.*

La sœur Gertrude d'Alausier remercia ses juges du bonheur qu'ils lui procuroient, et baisa la guillotine en y montant. Le jour de sa mort, elle se trouva à son réveil, inondée d'une joie extraordinaire, qui lui fit répandre des larmes. *Je suis dans l'enthousiasme,* disoit-elle, *je suis hors de moi-même; il est sûr que je mourrai aujourd'hui.* Mais craignant ensuite que ce ne fut un effet d'orgueil, on fut obligé de la rassurer et de la tranquilliser. — La sœur S. Pélagie Bès, après son jugement, sortit de sa poche une boëte de dragées, qu'elle distribua à toutes les condamnées comme elle: *Ce*

Sœur André Sage, converse, la veille de sa mort, tomba dans une grande tristesse, et dit à une de ses compagnes quelle craignait que Dieu ne la jugeât digne du martyre.

Sœur Bernard Romillon faisait depuis longtems une prière à la sainte Vierge, pour mourir le samedi ou un jour consacré à une de ses fêtes. Elle a obtenu cette grâce, ayant été immolée, le jour de Notre-Dame du Mont-Carmel.

Sœur du Saint Sacrement Justamon avait fait la même demande à la sainte Vierge, pendant seize ans. Elle a eu le bonheur de consommer son sacrifice un samedi. Elle dit un jour, en présence de ses gardes: (Nous avons plus d'obligations à nos juges, qu'à nos pères et mères, puisque eux ne nous ont donné qu'une vie temporelle, au lieu que nos juges nous procurent une vie éternelle); sur quoi un de ses gardes fut touché jusqu'aux larmes, et un païsan voulut lui toucher la main.

Sœur Françoise, urseline converse de Carpentras, disait la veille de son martyre: (quel bonheur! nous allons voir notre époux, un époux que nous n'avons jamais vu.)

Quelques-unes éprouvèrent d'avance la terreur de la mort, mais à mesure que le jour approchait, elles jouissaient du calme le plus parfait et de la paix la plus profonde.

Des gens d'armes témoins de leurs supplices disaient à des recluses: *Ces coquines meurent toutes en riant.*

Qui es-tu? dit le juge à Thérèse Consolen. — Je suis fille de l'Eglise, répondit-elle. — Qui es-tu? dit-il à Claire Dubac. — Je suis religieuse et la serai jusqu'à la mort.

sont, ajoutoit-elle, *les bonbons de mes nôces;* et chacune les mangeoit avec la joye la plus pure. — La sœur des Anges de Rocher, étant encore chez son père, voyant approcher le moment, où on pouvoit la mettre en arrestation, demanda conseil à ce vénérable Vieillard, âgé de 80 ans, pour savoir si elle devoit se soustraire à cette peine: *Ma fille*, lui répondit-il, *il vous est facile de vous cacher, mais auparavant, examinez bien devant Dieu, si vous ne vous écartez pas de ses desseins adorables sur vous, dans le cas qu'il vous ait destinée, pour être une des victimes qui doivent appaiser sa colère. Je vous dirai comme Mardochée à Esther: Vous n'êtes pas sur le trône pour vous, mais pour votre peuple.* Un conseil si chrétien, inspiré de Dieu même, fit la plus vive impression sur l'esprit et le cœur de cette sainte fille. Elle part avec joye, et en récompense de sa fidélité, le Seigneur lui fit connoitre intérieurement le jour de la consommation de son sacrifice. En effet, la veille de sa mort, à la prière du soir, elle demanda pardon à toutes ses compagnes, et leur recommanda instamment de bien prier pour elle, parceque le lendemain elle seroit immolée. Après la lecture de sa sentence de mort, elle remercia avec une grande satisfaction ses juges, de ce qu'ils lui procuroient le bonheur d'aller se réunir aux SS. Anges.

Tableau des noms des Religieuses de Bollène

Sœurs:

Saint Bernard. — Suzanne Gaillard. — Marie-Anne Cocher. — Marie-Magdeleine Guillancier. — Agnès Roumillon. — Gertrude d'Alauzier. — Elizabeth Pélissier. — Pélagie Bès. — Marguerite Barrau.

Gertrude d'Alosier remercia ses juges du bonheur qu'ils lui procuraient, et baisa la guillotine en y montant. La veille de sa mort, elle se trouva à son réveil, inondée d'une joie extraordinaire, qui lui fit répandre beaucoup de larmes, disant. (Je suis dans l'anthousiasme! je suis hors de moi-même; il est sur que je mourrai demain). Mais craignant ensuite que ce ne fût un effet de son orgueil, on fut obligé de la rassurer et de la tranquilliser.

Sœur Pélagie Bès, après son jugement, sortit de sa poche une boëte remplie de dragées, qu'elle distribua à toutes les condamnées à la mort comme elle, leur disant: (que c'était des dragées de ses noces). Chacune les mangea avec une joie toute pure.

Sœur des Anges de Rocher, étant encore chez son père, voyant approcher le moment, où l'on pourrait la mettre en arrestation, demanda conseil à ce vénérable vieillard âgé de quatre-vingts ans, si elle devait se soustraire à cette peine, ou non? Le pieux père lui répondit: (Ma fille, il m'est bien facile de vous cacher, » mais auparavant examiné devant Dieu, » si vous ne vous écartez pas de ses » desseins adorables sur vous, au cas où » il vous destine à être une des victimes » qui doivent appaiser sa colère. Je vous » dirai, comme Mardochée à Esther: » vous n'êtes pas sur le trône pour vous, » mais pour votre peuple). Un conseil si chrétien, inspiré de Dieu, fit sur l'esprit et le cœur de cette sainte fille, l'impression qu'il méritait. Elle part avec joie, et en récompense, Dieu lui fait connaître intérieurement le jour de la consommation de son sacrifice. En effet, la veille de sa mort, à la prière du soir, elle demanda pardon à toutes ses compagnes,

***

— Martin. — Du Saint-Sacrement. — Magdeleine. — Eléonore. — Catherine. Marie. — Louise. — Marie-Anne. — Elizabeth. — Saint-Alexis. — Anastasie. — Françoise. — Henriette. — Aimée. — Marie Saint-André. — Marie-Anne. — Jeanne. — Françoise. — Marie-Thérèse Consolant. — Claire du Bas. — Guardier. — Madeleine-Catherine. — Marguerite Bone.

Aux quelles il faut ajouter la sœur Cœur de Marie Justamont, Ursuline de Pernes, qui s'était retirée à Bollène avec ses sœurs.

N. B. On n'a pas pu savoir encore les noms de maison de toutes, et l'on nous annonce le tableau précieux du jour propre au massacre de chaque religieuse.

et leur recommanda de bien prier pour elle, puisque, le lendemain, elle seraït emmenée. Après la lecture de sa sentence, elle remercia ses juges, de ce qu'ils lui procuraient d'aller souper avec les Anges.

Cette Relation est suivie :

1° Du tableau des noms des trente-deux Religieuses ;

2° D'une poésie : *Sentiments de confiance sur la guillotine.*

3° D'un supplément.

1

TABLEAU

des noms des trente-deux Religieuses de Bollène, traduites à Orange, et du jour de leur sacrifice en particulier.

1 Le quatrième juillet, sœur Loye, de l'ordre de Saint-Bernard, religieuse à Caderousse, âgée de 48 ans.

2 Le cinq juillet, Suzanne S. Mathieu Gaillard, religieuse du Saint Sacrement, à Bolène, âgée de 32 ans.

3 Le six juillet, Marie-Anne-Marguerite des Anges Rocher, urseline à Bolène, âgée de 36 ans.

4 Le six juillet, Marie-Magdeleine, sœur Mélanie Guillermier, urseline à Bolène, âgée de 62 ans.

5 Le sept juillet, Agnès de Saint-Louis Romillon, urseline à Bolène, âgée de 46 ans.

6 Le sept juillet, Gertrude Sainte-Sophie d'Alosiés, urseline à Bolène, âgée de 35 ans.

7 Le huit juillet, Elisabeth Pélissier, Sainte-Théotiste, religieuse du Saint Sacrement, à Bolène, âgée de 54 ans.

8 Le huit juillet, Rosalie Sainte-Pélagie Bès, religieuse du Saint-Sacrement, à Bolène, âgée de 34 ans.

9 Le huit juillet, Marguerite Sainte-Sophie Barvare, urseline au Saint-Esprit, âgée de 54 ans.

10 Le huit juillet, sœur Saint-Martin Blanc, religieuse du Saint-Sacrement, à Bolène, âgée de 52 ans.

11 Le neuf juillet, Magdeleine Saint-Xavier Tallieu, religieuse du Saint-Sacrement, à Bolène, âgée de 46 ans.

12. Le neuf juillet, Eléonore Justamon Saint-Henri, religieuse de Sainte-Catherine d'Avignon, âgée de 35 ans.

13. Le neuf juillet, Marie de Jésus Charansol, du Saint-Sacrement, à Bolène, âgée de 35 ans.

14 Le neuf juillet, Louise Bon Ange Cluse, converse du Saint-Sacrement, à Bolène, âgée de 29 ans.

15 Le treize juillet, Marie-Anne Saint-François Lambert, converse urseline, à Bolène, âgée de 54 ans.

16 Le treize juillet, Elizabeth de la Mère de Dieu Verchère, religieuse du Saint-Sacrement, à Bolène, âgée de 28 ans.

17 Le treize juillet, sœur Saint-Alexis, Minutte, du Saint-Sacrement, à Bolène, âgée de 50 ans.

18 Le treize juillet, sœur Sainte-Françoise, urseline à Carpentras, âgée de 38 ans.

19 Le treize juillet, Anastasie Saint-Germain, de Rocard, supérieure des urselines, à Bolène, âgée de 45 ans.

20 Le treize juillet, Henriette la Forge du Saint-Sacrement, à Bolène, âgée de 26 ans.

21 Le seize juillet, Aimée de Jésus Gardon du Saint-Sacrement, âgée de 60 ans.

22 Le seize juillet, Marie Saint-André Laye, converse urseline, à Bolène, âgée de 62 ans.

23 Le seize juillet, Marie-Anne Saint-Michel Doux, converse urseline, à Bolène, âgée de 54 ans.

24 Le seize juillet, Jeanne Saint Bernard Romillon, urseline à Bolène, âgée de 40 ans.

25 Le seize juillet, Magdeleine-Dorothée Justamon, dite du Saint-Sacrement, religieuse de Sainte-Catherine d'Avignon âgée de 40 ans.

26 Le seize juillet, Magdeleine Cœur de Marie Justamon, urseline à Pernes, âgée de 50 ans.

27 Le 16 juillet, Marie Saint-Joachin Béguin du Saint-Sacrement, converse, âgée de 60 ans.

28 Le vingt-six juillet, Thérèse Cœur de Jésus Consolen, supérieure urseline, à Sisteron, âgée de 55 ans.

29 Le vingt-six juillet, Claire de Sainte Sophie Dubac, urseline de Bolène, âgée de 62 ans.

30 Le vingt-six juillet, Anne Cartier, Saint-Basile, urseline au Saint-Esprit, âgée de 68 ans.

31 Le vingt-six juillet, Magdeleine Catherine de Jésus, Justamon, urseline au Saint-Esprit, âgée de 70 ans.

32 Le vingt-six juillet, Marguerite Bonnet Saint-Augustin du Saint-Sacrement, à Bolène, âgée de 74 ans.

A la suite de ce tableau, il y a le supplément suivant:

II

S ENTIMENTS DE CONFIANCE SUR LA GUILLOTINE

(Voir les 32 Religieuses, page 129.)

III

SUPPLÉMENT

A la Relation des Martyres d'Orange

AU MOIS DE JUILLET 1794

Dorothée Justamon montra une joie étonnante sur la guillotine, et dit, en saluant: (oui, vive la République qui nous fait aujourd'hui vierges et martyres)

Les témoins de nos martyrs avouent qu'il n'y avait rien de si ravissant, au Cirque d'Orange, que les prêtres insermentées et les religieuses condamnées à la mort. La félicité était peinte sur leurs visages. On ne peut pas exprimer leur contentement. Il est vrai que dans le grand nombre de tout état qui ont péri à Orange, il n'y a eu qu'une seule Dame qui ait été inconsolable. Tous les autres annonçaient la paix profonde de leurs âmes, et la pureté de leur conscience, à laquelle ils avaient eu le bonheur de mettre ordre. La prière habituelle était aussi leur occupation la plus ordinaire. Grand nombre de prêtres assermentés, condamnés aussi à la mort pour n'avoir pas voulu rendre leurs lettres de prêtrise, après leur jugement, se prosternaient dans la cour, et disaient à haute voix ; (nos frères, nous nous sommes rétractés de notre serment, mais nous nous rétractons encore à vos pieds ; nous vous demandons pardon des scandales que nous avons donné, et nous confessons que nous mourons catholiques, apostoliques et romains.)

Que de conversions se sont opérées dans cette réclusion d'Orange, dans ceux qui ont échappé. Ah! disait un jeune Alaisien, à son retour à Alais : il faut tout oublier, à l'avenir, et mettre toute notre confiance en Dieu. (Qu'il nous est glorieux, disaient plusieurs autres, de marcher à la suite de cette sainte troupe de religieuses avignonaises!) Elles étaient conduites avec eux, par des gens d'armes, au nombre de quatorze, dans des tombereaux, comblées de joie d'avoir souffert pour la foy). Ah! que ce sexe est généreux! ajoutaient-ils, que Dieu en soit glorifié!

Le tableau des noms des 32 Religieuses guillotinées à Orange, qui se trouve à la fin de la Relation imprimée à Rome en 1795, est fort incomplet ; il y a à peine une dizaine de Religieuses qui sont suffisamment désignées. C'était bien difficile alors de se procurer et de transmettre à Rome des indications complètes de noms et de dates.

On a sans doute rédigé plus tard le tableau qui se trouve à la suite de la Relation manuscrite du Musée Calvet et qui est reproduit dans la Relation des sacramentines de Carpentras. Chacune des 32 Religieuses y est bien suffisamment désignée ; mais il y a encore bien des inexactitudes pour l'orthographe des noms et la date du jour de la mort de chacune.

VIII. MANUSCRITS DES SACRAMENTINES DU COUVENT DE BOLLÈNE

Elles ont perdu plusieurs anciens manuscrits, mais il leur reste encore.

A la fin d'un vieux manuscrit intitulé : *Relation sur la fondation des Religieuses du Saint Sacrement faite, en l'année 1715 à Bollène;* elles ont à la page 400, un *Extrait du Martyre des Religieuses retirées à Bollène.*

Actions édifiantes de 42 Religieuses retirées à Bollène, conduites en prison à Orange, et de leur Martyre. Ce titre est suivi d'une Relation identique avec la première moitié de la Relation du Musée Calvet.

Cette première moitié de la Relation se termine ainsi : « Tout ceci était commun à toutes (les Religieuses), maintenant nous allons nommer nos sœurs en particulier et le jour de leur *Martyre.* »

Après avoir donné les noms, l'âge et la date de la mort de chacune des treize Sacramentines, la religieuse qui a rédigé cette Relation ajoute cette conclusion : « Voilà les noms de nos chères sœurs *Martyres*, toutes professes de la Communauté du Saint Sacrement de Bollène, heureuse d'avoir pu donner un si beau présent au ciel.

« Voici le nom de celles qui sont de différentes Communautés ; nous pensons que l'on aura du plaisir à les savoir et que l'on sera édifié de leurs paroles de générosité. »

Suit le tableau indiquant les noms, l'âge et la date de la mort d'une Religieuse bénédictine, de deux cisterciennes Bernardines, et de seize ursulines. Aux noms des sœurs de Rocher, d'Alozier, de Romillon, de Justamond, Françoise (Depeyre), Consolin et du Bac, sont ajoutés les détails qui les concernent, et qui se trouvent dans la seconde moitié de la Relation du Musée Calvet, et de celle qui fut imprimée à Rome.

Le couvent du Saint-Sacrement de Bollène conserve aussi des manuscrits plus récents, mais déjà anciens. Il y en a deux qui sont intitulés :

Le premier : *Courtes Notes sur la fondation du monastère de l'adoration perpétuelle du Très Saint Sacrement de Bollène et son rétablissement après la grande révolution de 1792.*

Le second : *Relation de la conduite édifiante et des vertus de nos anciennes Mères pendant la Révolution de 1789.*

Ces deux manuscrits ont été rédigés et écrits par la Mère du Saint-Esprit, Elizabeth Rique. Née à Tulette (Drôme) en 1801, elle fut admise, à l'âge de six ans, comme pensionnaire chez les Sacramentines de Bollène, et ne voulut plus les quitter. Elle fut reçue au noviciat, en 1818, et à la profession, le 12 octobre de l'année suivante. Elle fut longtemps première maîtresse du pensionnat, 18 ans économe, 9 ans assistante, et aussi 9 ans supérieure. Elle remplissait cette charge, lorsqu'elle mourut, le 18 janvier 1870, trois mois après avoir célébré ses noces d'or, au cinquantième anniversaire de sa profession.

Dans ses deux manuscrits, la Mère du Saint-Esprit reproduit l'ancienne Relation des sacramentines de Bollène. Après avoir relaté ce qui est commun à toutes les Religieuses emprisonnées à Orange, elle parle d'abord des treize sacramentines qui furent guillotinées, et ensuite des dix-neuf religieuses qui eurent le même sort, et à tout ce que les Relations précédentes ont pu lui fournir, elle ajoute ce qu'elle a pu recueillir, dans les traditions orales et écrites de son couvent. Elle même avait pu faire parler les témoins oculaires et contemporains des événements. Elle eut bien souvent l'occasion d'entendre les récits faits par la Mère de la Fare et par plusieurs religieuses, qui avaient été au couvent les compagnes des sœurs qui furent guillotinées. Elle avait connu plusieurs des religieuses emprisonnées à Orange, et qui en sortirent, parce qu'elles ne furent pas jugées ou ne furent condamnées qu'à la prison. Parmi ces religieuses, il y avait la sœur converse *Saint-François, Madeleine Talieu*, qui n'ayant été condamnée qu'à la prison, fut mise en liberté, le 1er février 1795,, et revint à Bollène, où elle se dévoua à l'éducation de ses neveux et de ses nièces, et où elle mourut, en 1882, âgée de 80 ans. La Mère du Saint-Esprit était alors au couvent des Sacramentines depuis quinze ans, et elle avait demandé bien des fois à Madeleine Talieu le récit de tout ce qu'elle avait vu et appris pendant la Révolution. Elle a écrit dans ses *courtes notes :* « Nous nous plaisions à faire raconter à Madeleine Talieu, toutes les circonstances de la conduite de ces vertueuses filles, soit en prison, comme partout ailleurs. »

Ayant été jugée le 26 juillet, avec huit religieuses, dont cinq furent condamnées à mort, Madeleine Talieu put raconter ce que le juge lui demanda et ce qu'elle répondit. Elle avait entendu les questions qui furent posées à Thérèse Consolin et à Claire du Bac, ainsi que leurs réponses, et elle put compléter ce que nous lisons dans les premières Relations.

La Mère du Saint-Esprit nous donne dans ses deux manuscrits une Relation plus complète et plus exacte que les précédentes. Cependant, surtout pour les religieuses ursulines, il y a quelques inexactitudes sur les noms et l'âge des sœurs. Elle a été plus exacte pour ce qui concerne les treize sacramentines de Bollène, parce qu'on a pu sauver pendant la Révolution un registre intitulé : *Livre des actes de vêture et de profession et mortuaire à l'usage des sœurs du Saint Sacrement.* Ce registre commencé le 5 mai 1726, cinq mois après la fondation du monastère, est encore à l'usage des sœurs qui continuent d'y inscrire leurs actes de *vêture,* de *profession* et de *décès.* Elles le conservent avec soin. Il contient des indications précises sur les noms des sœurs et les dates de leur entrée en religion et de leur mort. On y trouve, à sa place, à la page 195, l'acte de décès des treize sacramentines guillotinées à Orange. Il est intitulé :

MORTUAIRE TRIOMPHANT

« Le 2 mai 1794, plusieurs de nos sœurs, résidentes dans cette ville de Bollène, furent traduites avec plusieurs autres, dans la maison d'arrêt à Orange, pour n'avoir pas voulu prêter le serment de liberté et d'égalité contraire à leur conscience. Elles commencèrent dès lors à se préparer au sacrifice de leur vie, par l'exercice de toutes les vertus, et par une prière continuelle, prenant peu de repos gardant le silence, observant tous leurs devoirs, autant que leur position le permettait. Leur conduite édifiante doit nous servir à jamais de modèle, et nous exciter à marcher sur les exemples de ferveur, de générosité et d'amour envers Dieu, qu'elles ont aimé plus que leur propre vie, et qui les a rendues dignes, et leur a mérité la grâce de lui en faire le sacrifice, par une mort sanglante. N'oublions pas que le ciel nous a donné en elles des protectrices, qui ne peuvent refuser de s'intéresser pour cette maison, où elles avaient travaillé à acquérir les vertus, qui les ont rendues triomphantes des tourments et de la mort. »

page 196.

« Voici à peu près le jour où elles ont été guillotinées :

Le 5 juillet 1794, notre sœur Iphigénie de Saint-Mathieu *de Gaillard,* 32 ans.

Le 8 juillet, Sœur Marie Théotiste *Pellissier,* 34 ans.

Le même jour, Sœur Marie Pélagie *Bès* 34 ans.

Le même jour, Sœur de Saint-Martin *Blanc,* 52 ans.

Le 9 juillet, Sœur de Saint-Xavier *Taillen,* 45 ans.

Le même jour, Sœur du Bon Ange, *Cluse,* 29 ans.

Le même jour, Sœur Marie de Jésus, *Charansol,* 35 ans.

Le 13 juillet, Sœur de la Mère de Dieu, *Verchière,* 28 ans.

Le même jour, Sœur Saint-Alexis, *Minuty*, 50 ans.

Le même jour, Sœur de l'Annonciation *Faurie*.

Le 16 juillet, Sœur Aimée de Jésus, *Gordon*, 60 ans.

Le même jour, Sœur Saint-Joachim, *Béguin*, 60 ans.

Le 26 juillet, Sœur Saint-Augustin, *Bonet*, 74 ans.

IX. DOCUMENTS OFFICIELS

Le couvent des Ursulines de Bollène n'ayant pas été rétabli, après la Révolution, leurs archives ont été dispersées, et les couvents de cet ordre actuellement existants n'ont pu fournir aucun document. Cependant aux archives départementales à Avignon, il y a 1° Les *actes notariés de Constitution de dot* des Ursulines du couvent de Bollène. Ces actes se passaient les jours qui précédaient la profession de chaque religieuse; et 2° *La liste des religieuses du couvent des Ursulines de Bollène*, dressée par la municipalité de cette ville. A cette liste, se trouve jointe une autre liste identique, écrite de la main d'une femme. Les Religieuses avaient fourni elles-mêmes tous les renseignements qui leur étaient demandés.

Voici le début de la liste officielle:

« L'an 1792, et le 4 octobre, M. le Maire, Joseph Marchand et Joseph Reynard, officiers municipaux de la commune de cette ville de Bollène, en suite de la réquisition à eux faite par le procureur de la commune, se sont transportés, en compagnie d'i-celui, et de nous, secrétaire général à la maison des ci-devant religieuses de Sainte-Ursule de ladite ville. Etant au parloir, M. le Maire a fait appeler la sœur Supérieure, pour prendre son nom, surnom, âge, endroit de naissance et époque de leur profession, de même que des autres religieuses, tant dames de chœur que converses.

1 La dite supérieure a dit s'appeler: *Marie-Anastasie ROCARD*, née en cette ville, le 6 octobre 1749, âgée de 43 ans, ayant nom de religion sœur *Saint-Gervais*, entrée l'an 1766, 24 juin.

(Suivent avec les mêmes indications, les noms de 16 sœurs de chœur et de 5 sœurs converses.

Nous ne transcrivons que les noms de celles qui furent guillotinées.)

5. *Marie-Claire DUBAC*, née à Laudun, âgée de 65 ans, entrée en religion le 12 février 1746, *sœur Sainte Rosalie*.

6. *Marianne-Magdeleine GUILHERMIER*, née à Bollène, âgée de 57 ans, entrée en religion le 22 juin 1750, *sœur Sainte-Mélanie*.

9. *Agnès-Sylvie ROMILLON*, née à Bollène, âgée de 42 ans, entrée en religion le 11 septembre 1767, *sœur Saint-Louis*.

10. *Marianne-Marguerite ROCHER*, née à Bollène, le 20 janvier 1755, âgée de 36 ans, entrée en religion le 21 septembre 1772, *sœur des Anges*.

11. *Marie-Gertrude RIPERT ALAUZIER*, née à Bollène, le 15 septembre 1757, âgée de 35 ans, entrée en religion le 1er août 1775, *sœur Sainte-Sophie*.

Sœurs converses

2. *Marie LAYE*, née à Bollène, le 26 septembre 1728, âgée de 63 ans, entrée en religion le 14 janvier 1753, *sœur Saint-André*.

3. *Marie-Anne DOUX*, née à Bollène, le 8 janvier 1739, âgée de 53 ans, entrée en religion le 3 juin 1761, *sœur Saint-Michel*.

4. *Marie-Anne LAMBERT*, née à Pierrelatte, âgée de 50 ans, entrée en religion, le 8 octobre 1765, *sœur Saint-François*.

Aux archives départementales, à Avignon, il y a le Registre des actes de vêture et de profession des Religieuses de l'Ordre de Cîteaux, à l'abbaye de Sainte-Catherine, à Avignon.

Nous avons pu nous procurer les listes officielles dressées en 1792 des Religieuses qui étaient dans les couvents des Ursulines au Pont-Saint-Esprit, à Carpentras à Pernes et à Sisteron ;

Quant aux actes de baptême, qui constituaient alors l'état-civil, il nous en manque un seul, qu'il n'a pas été possible de trouver ; c'est celui de *Marie-Anne BÉGUIN-ROYAL*, mais nous avons les actes de sa vêture et de sa profession qui, à part la date du jour de sa naissance, donnent les autres indications qui sont dans les actes de baptême.

Aux *Registres de l'État-Civil* de la Mairie d'Orange, il y a *l'acte de décès* de chacune des 32 Religieuses qui furent guillotinées, le soir même du jour où elles furent condamnées à mort. La formule de tous ces actes de décès est la même. Nous donnons celui de Suzanne de Loye qui fut guillotinée la première.

Acte de décès de

DÉLOYE, Suzanne-Agathe   N° 301

« Aujourd'hui, vingt messidor de la deuxième année de la République française, une, indivisible et impérissable, à huit heures du matin, moi, Jean-Antoine Tacussel, adjoint à l'officier municipal de cette commune d'Orange, élu le quatorze prairial de cette année, pour dresser les actes destinés à constater les naissances, mariages et les décès des citoyens, ai, en suite de l'envoi que le citoyen Benet, greffier de la Commission populaire établie en cette commune d'Orange, m'a fait de la note du jugement rendu le dix-huit du présent mois, qui condamne à la peine de mort *DELOYE Suzanne-Agathe*, âgée de cinquante-deux ans, née à Sérignan, y résidant ex-religieuse insermentée.

« et de la signification faite à la municipalité par le citoyen Dapier, officier ministériel attaché à la commission, constatant que ladite Deloye Suzanne-Agathe, a été exécutée, le dix-huit du courant, vers les six heures du soir sur la place de la *Justice* de cette dite commune, ai dressé le présent acte.

« Fait en la maison commune d'Orange, les jour an et mois que dessus. »

Signé J.-A. Tacussel, notable adjoint.

La date de la mort de chacune des 32 Religieuses, est déterminée d'une manière très exacte par leurs actes de décès à l'État-Civil d'Orange, et elle concorde avec la date de leurs jugements.

La *minute* de tous les jugements rendus par la commission populaire d'Orange, écrits sur un grand registre in-folio, et signés par le président Fauvéty, les quatre juges et le greffier, reste déposée au greffe du tribunal de Carpentras, où on l'appelle le *dossier rouge*.

Tous les jugements se terminent ainsi : « La Commission ordonne que les condamnés à mort seront, dans les vingt-quatre heures, livrés à l'exécuteur des jugements criminels, et mis à mort sur la place de cette commune appelée *Justice*.

« Ordonne que le présent jugement, qui a été prononcé par le président aux aux accusés, sera imprimé et affiché dans toute l'étendue de la République. »

La *Commission populaire*, en donnant ainsi la plus grande publicité à ses jugements, a eu le soin de transmettre intégralement à la postérité ses horribles sentences, et de les certifier à quiconque refuserait d'y croire. Chaque jugement imprimé forme un fascicule. Dans les archives de la famille de Rocher, on conserve un exemplaire du jugement qui condamna à mort la *sœur des Anges*.

On a fait la collection complète de tous ces jugements imprimés. Elle est intitulée: *Recueil des Actes de la Commission populaire d'Orange, imprimé à Orange, chez Esprit Nicolau, imprimeur de la Commission populaire, an 2 de la République 1704:* La bibliothèque du Musée Calvet possède un exemplaire de ce Recueil.

Il y a aux actes de décès les noms et prénoms des 32 Religieuses; mais ces noms sont plus complets et suivis d'importantes indications, dans les jugements rendus par la *Commission populaire*. Nous les transcrivons d'après l'acte d'accusation qui se trouve en tête de chaque jugement.

18 messidor, an 2, 6 juillet 1794.
1. *Suzanne-Agathe DELOYE*, âgée de 52 ans, née à Sérignan, y résidante, ex-religieuse du ci-devant Ordre de Saint-Benoit, à Caderousse, insermentée.

19 messidor, an 2, 7 juillet 1794.
2. *Suzanne-Gabrielle GAILLARD*, ex-noble, âgée d'environ 32 ans, née à Bollène, département de Vaucluse, ex-religieuse insermentée de la Congrégation du Saint-Sacrement dudit Bollène, y résidante.

21 messidor, an 2, 9 juillet 1794,
3. *Marie-Anne-Magdelaine GUIL-LIERMIER*, ex-noble, âgée d'environ 61 ans, née à Bollène, y résidante, ex-religieuse ursuline, insermentée, au couvent dudit Bollène.

4. *Marie-Anne-Marguerite ROCHER*, ex-noble, âgée d'environ 39 ans, née et résidante à Bollène, ex-religieuse insermentée, au couvent dudit Bollène.

22 messidor, an 2, 10 juillet 1794.
5. *Marie-Gertrude RIPERT ALAU-ZIER*, ex-noble, âgée d'environ 38 ans, ex-religieuse insermentée du ci-devant Ordre de Sainte-Ursule, dans le couvent de Bollène, native dudit lieu, y résidante.

6. *Sylvie-Agnès ROUMILLON*, âgée d'environ 45 ans, née et habitante à Bollène, ex-religieuse insermentée, du ci-devant Ordre de Sainte-Ursule, dans le couvent dudit Bollène,

23 messidor, an 2, 11 juillet 1794.
7. *Rosalie BÈS*, âgée d'environ 43 ans, née à Beaume, département de Vaucluse, résidante à Bollène, ex-religieuse insermentée de la ci-devant Congrégation du Saint-Sacrement, au couvent dudit Bollène.

8. *Marie-Elizabeth PÉLISSIER*, âgée d'environ 53 ans, née et habitante à Bollène, ex-religieuse insermentée de la même congrégation, et du même couvent.

9. *Marie-Claire BLANC*, âgée d'environ 53 ans, ex-religieuse insermentée de ladite congrégation du Saint-Sacrement du couvent de Bollène, née audit Bollène, y résidante.

10. *Marguerite d'ALBARÈDE*, âgée d'environ 54 ans, ex-noble, et ex-religieuse insermentée du ci-devant Ordre de Sainte-Ursule, au couvent de Bollène, née à Saint-Laurent-de-Carnols, département du Gard.

****

24 messidor, an 2, 12 juillet 1794.

11. *Thérèse-Magdeleine TALIEU*, âgée d'environ 49 ans, née et résidante à Bollène, ex-religieuse insermentée de la ci-devant congrégation du Saint-Sacrement au couvent de Bollène.

12. *Marie CLUSE*, âgée d'environ 33 ans, née à Bouvante, département de la Drôme, habitante à Bollène, ex-religieuse insermentée de la ci-devant congrégation du Saint-Sacrement au couvent de Bollène.

13. *Marguerite - Eléonore JUSTAMON*, âgée d'environ 47 ans, ex-noble, née à Bollène, résidante à Avignon, ex-religieuse insermentée du ci-devant Ordre de Saint-Bernard, au ci-devant couvent de Sainte-Catherine d'Avignon.

14. *Jeanne-Marie ROUMILLON*, âgée d'environ 41 ans, ex-noble, née à Bollène, y résidante, ex-religieuse insermentée du ci-devant Ordre de Sainte-Ursule, au couvent de Pont-sur-Rhône (Pont-Saint-Esprit.)

25 messidor, an 2, 13 juillet 1794.

15. *Elizabeth VERCHIÈRE*, âgée d'environ 25 ans, née à Bollène, y résidante, ex-religieuse insermentée de la ci-devant congrégation du Saint-Sacrement, au couvent de Bollène.

16. *Henriette FAURIE*, âgée d'environ 24 ans, née à Sérignan, y résidante, ex-religieuse insermentée de ladite congrégation et dans le même couvent.

17. *Anne MINUTTE*, âgée d'environ 54 ans, née à Sérignan, y résidante, ex-religieuse insermentée de la même congrégation et dans le même couvent,

18. *Marie-Anne LAMBERT*, âgée d'environ 52 ans, née à Pierrelatte, département de la Drôme, habitante à Bollène, sœur converse du ci-devant Ordre de Sainte-Ursule, au ci-devant couvent de Bollène, insermentée.

19. *Marie-Anne PEYRE*, âgée d'environ 38 ans, née à Tulette, département de la Drôme, y résidante, sœur converse insermentée au couvent des Ursulines à Carpentras.

20. *Anastasie de ROQUARD*, âgée d'environ 46 ans, née à Bollène, y résidante, ex-noble et ex-religieuse insermentée du couvent du ci-devant Ordre de Sainte-Ursule, au couvent dudit Bollène.

28 messidor an 2, 16 juillet.

21. *Marguerite-Rose GORDON*, âgée d'environ 61 ans, née à Mondragon, département de Vaucluse, habitante à Bollène, ex-religieuse insermentée de la ci-devant congrégation du Saint-Sacrement, au ci-devant couvent de Bollène.

22. *Marie- Thérèse CHARANSOL*, âgée d'environ 36 ans, née à Richerenche, département de Vaucluse, résidante à Bollène, ex-religieuse insermentée de la ci-devant congrégation du Saint-Sacrement, au couvent de Bollène.

23. *Marie-Anne BÉGUIN*, âgée d'environ 62 ans, née à Bouvante, département de la Drôme, habitante à Bollène, sœur converse insermentée de la ci-devant congrégation du Saint-Sacrement, au ci-devant couvent de Bollène.

24. *Marie-Anne DOUX*, âgée d'environ 52 ans, née et résidante à Bollène, sœur converse insermentée du ci-devant Ordre de Sainte-Ursule, au ci-devant couvent de Bollène.

25. *Marie LAYE*, âgée d'environ 65 ans née et résidante à Bollène, sœur converse insermentée du même ordre, au même couvent.

26. *Julie-Dorothée-Magdeleine JUS-TAMONT*, ex-noble, se disant âgée de 51 ans, née et résidante à Bollène, ex-religieuse insermentée du ci-devant Ordre de Sainte-Ursule, au ci-devant couvent de Pernes.

27. *Françoise-Magdeleine JUSTA-MONT*, ex-noble, se disant âgée de 40 ans, née et résidante à Bollène, ex-religieuse insermentée du ci-devant Ordre de Saint-Bernard, au ci-devant couvent de Sainte-Catherine d'Avignon.

8 Thermidor, an 2, 26 juillet 1794.

28. *Marguerite BONNET*, âgée d'environ 77 ans, née à Sérignan, résidante à Bollène, ex-religieuse insermentée de la ci-devant congrégation du Saint-Sacrement, au ci-devant couvent de Bollène.

29. *Marie-Magdeleine JUSTAMONT* âgée d'environ 70 ans, née à Bollène, y résidante, ex-noble, ex-religieuse insermentée du ci-devant Ordre de Sainte-Ursule, au ci-devant couvent de Pont-sur-Rhône.

30. *Anne CARTIER*, âgée d'environ 61 ans, née à Livron, département de la Drôme, habitante à Bollène, présumée noble, ex-religieuse insermentée du ci-devant Ordre de Sainte-Ursule, au ci-devant couvent de Bollène.

31. *Marie-Claire DUBAC*, âgée d'environ 68 ans, née à Laudun, département du Gard, résidante à Bollène, ex-religieuse insermentée du ci-devant Ordre de Sainte-Ursule, au ci-devant couvent de Bollène.

32. *Thérèse CONSOLIN*, âgée d'environ 58 ans, née à Courthézon, y résidante, ex-religieuse insermentée du ci-devant Ordre de Sainte-Ursule, au ci-devant couvent de Sisteron, département du Var.

Chacune des 32 Religieuses fut guillotinée le soir même du jour où elle fut condamnée à mort. La date de son jugement concorde parfaitement avec la date de son acte de décès.

Les actes de baptême et de profession nous donnent la date de la naissance, et les noms de famille, de baptême et de religion de chaque religieuse; et son jugement et son acte de décès nous donnent la date de sa mort et ses noms, qui concordent bien avec ceux de ses actes de baptême et de vêture et de profession religieuse.

Avec tous ces documents officiels on peut dresser aussi exactement que possible la liste des 32 religieuses guillotinées à Orange avec leurs noms de religion et de famille, la date et le lieu de leur naissance ainsi que les dates de leur profession religieuse et de leur mort.

✳

1. Sœur *MARIE-ROSE, Suzanne-Agathe DE LOYE*, née et baptisée à Sérignan, le 4 février 1741, fit profession religieuse dans l'Ordre de Saint-Benoit, au couvent de l'Assomption Notre-Dame à Caderousse, en 1761, fut guillotinée à Orange, le dimanche 6 juillet 1794.

2. Sœur *IPHIGÉNIE DE SAINT MATHIEU, Françoise-Gabrielle-Marie-Suzanne DE GAILLARD*, née à Bollène, le 22 septembre 1761, et baptisée le lendemain, fit profession au couvent du Saint-Sacrement de Bollène, le 13 février 1780, fut guillotinée à Orange le 7 juillet 1794.

3. Sœur *SAINTE-MÉLANIE*, *Marie-Anne-Madeleine DE GUILHERMIER*, née à Bollène, le 29 juin 1733, et baptisée le lendemain, fit profession au couvent des Ursulines de Bollène, le 22 juin 1750, fut guillotinée à Orange le 9 juillet 1794.

4. Sœur *DES ANGES*, *Marie-Anne-Marguerite DE ROCHER*, née à Bollène, le 20 janvier 1755, et baptisée le surlendemain, fit profession au couvent des Ursulines de Bollène, le 21 septembre 1772, fut guillotinée à Orange, le 9 juillet 1794.

5. Sœur *SAINTE-SOPHIE*, *Marie-Gertrude DE RIPERT D'ALAUZIER*, née à Bollène, le 15 novembre 1757, y fut baptisée le lendemain, fit profession au couvent des Ursulines de Bollène, le 1er août 1775, fut guillotinée à Orange le 10 juillet 1794.

6. Sœur *SAINT-LOUIS*, *Sylvie-Agnès DE ROMILLON*, née et baptisée à Bollène, le 15 mars 1750, fit profession au couvent des Ursulines de Bollène, le 11 septembre 1767, fut guillotinée à Orange le 10 juillet 1794.

7. Sœur *SAINTE-PÉLAGIE*, *Rosalie-Clotilde BÈS*, née et baptisée à Baume (de Transit), le 30 juin 1752, fit profession au couvent du Saint-Sacrement de Bollène, le 3 juin 1773, fut guillotinée à Orange, le 11 juillet 1794.

8. Sœur *SAINTE-THÉOTISTE*, *Marie-Elizabeth PÉLISSIER*, née à Bollène, le 15 avril 1741, y fut baptisée le lendemain, fit profession au couvent du Saint-Sacrement de cette ville, le 25 juin 1759, fut guillotinée à Orange le 11 juillet 1794.

9. Sœur *SAINT-MARTIN*, *Marie-Claire BLANC*, née et baptisée à Bollène, le 17 janvier 1742, fit profession au couvent du Saint-Sacrement de cette ville le 5 décembre 1762, fut guillotinée à Orange le 11 juillet 1794.

10. Sœur *SAINTE-SOPHIE*, *Marie-Marguerite DE BERBEGIE D'ALBARÈDE*, née à Saint-Laurent-de-Carnols (Gard), le 8 octobre 1740, y fut baptisée le lendemain, fit profession au couvent des Ursulines du Pont-Saint-Esprit, fut guillotinée à Orange, le 11 juillet 1794.

11. Sœur *ROSE DE SAINT-XAVIER Madeleine-Thérèse TALIEU*, née et baptisée à Bollène, le 13 septembre 1746, fit profession au couvent du Saint-Sacrement de Bollène, le 5 décembre 1771, fut guillotinée à Orange, le 12 juillet 1794.

12. Sœur *DU BON ANGE*, *Marie CLUZE*, née à Bouvante, Drôme, le 5 décembre 1761, y fut baptisée le lendemain, fit profession en qualité de sœur converse au couvent du Saint-Sacrement de Bollène, le 4 novembre 1783, fut guillotinée à Orange le 12 juillet 1794.

13. Sœur *MARIE DE SAINT-HENRI*, *Marguerite-Eléonore DE JUSTAMOND*, née à Bollène, le 12 janvier 1746, y fut baptisée le 15 du même mois, fit profession dans l'Ordre de Citeaux à l'abbaye de Sainte-Catherine, à Avignon, le 12 janvier 1766, fut guillotinée à Orange, le 12 juillet 1794.

14. Sœur *SAINT-BERNARD*, *Jeanne DE ROMILLON*, née et baptisée à Bollène, le 2 juillet 1753, fit profession au couvent des Ursulines du Pont-Saint-Esprit, fut guillotinée à Orange, le 12 juillet 1794.

15. Sœur *MADELEINE DE LA MÈRE DE DIEU, Eliȥabeth VERCHIÈRE*, née à Bollène, le 2 janvier 1769, y fut baptisée le lendemain, fit profession au couvent du Saint-Sacrement de Bollène, le 21 février 1790, fut guillotinée à Orange, le 13 juillet 1794.

16. Sœur de *L'ANNONCIATION, Thérèse-Henriette FAURIE*, née à Sérignan, le 13 février 1770, y fut baptisée le lendemain. fit profession au couvent du Saint-Sacrement de Bollène, le 17 novembre 1789, fut guillotinée à Orange le 13 juillet 1794.

17. Sœur *SAINT-ALEXIS, Anne-Andrée MINUTTE*, née et baptisée à Sérignan, le 4 février 1740, fit profession au couvent du Saint-Sacrement de Bollène, le 26 mai 1761, fut guillotinée à Orange le 13 juillet 1794.

18. Sœur *SAINT-FRANÇOIS, Marie-Anne LAMBERT*, née et baptisée à Pierrelatte (Drôme), le 17 août 1742, fit profession, en qualité de sœur converse, au couvent des Ursulines de Bollène, le 8 octobre 1765, fut guillotinée à Orange le 13 juillet 1794.

19. Sœur *SAINTE-FRANÇOISE, Marie-Anne DEPEYRE*, née à Tulette (Drôme), le 2 octobre 1756, y fut baptisée le lendemain, fit profession, en qualité de sœur converse, au couvent des Ursulines de Carpentras en 1782, fut guillotinée à Orange, le 13 juillet 1794.

20. Sœur *SAINT-GERVAIS, Marie-Anastasie DE ROQUARD*, née et baptisée à Bollène, le 5 octobre 1749, supérieure du couvent des Ursulines de cette ville, où elle avait fait profession, le 24 juin 1766, fut guillotinée à Orange, le 13 juillet 1794.

21. Sœur *AIMÉE DE JÉSUS, Marguerite-Rose DE GORDON*, née à Mondragon, le 29 septembre 1733, y fut baptisée le lendemain, assistante au couvent du Saint-Sacrement de Bollène, où elle avait fait profession, le 20 février 1752, fut guillotinée à Orange, le 16 juillet 1794.

22. Sœur *MARIE DE JÉSUS, Thérèse-Marguerite CHARRANSOL*, née et baptisée à Richerenches, le dernier jour de février 1758, fit profession au couvent du Saint-Sacrement de Bollène, le 15 novembre 1781, fut guillotinée à Orange, le 16 juillet 1794.

23. Sœur *SAINT JOACHIM, Marie-Anne BEGUIN-ROYAL*, née en 1736, à Vals Sainte-Marie (hameau de Bouvante en Dauphiné. Agée de 24 ans, le 20 mai 1760, elle prit l'habit religieux au couvent du Saint Sacrement de Bollène, et, en qualité de sœur converse, elle y fit profession le 26 mai 1761 ; elle fut guillotinée à Orange, le 16 juillet 1794.

24. Sœur *SAINT-MICHEL, Marie-Anne DOUX*, née et baptisée à Bollène, le 8 avril 1739, fit profession, en qualité de sœur converse, au couvent des Ursulines de cette ville, le 30 juin 1761, fut guillotinée à Orange le 16 juillet 1794.

25. Sœur *SAINT-ANDRÉ, Marie-Rose LAYE*, née et baptisée à Bollène, le 26 septembre 1728, fit profession en qualité de sœur converse. au couvent des Ursulines de cette ville, le 14 janvier 1753, fut guillotinée à Orange le 16 juillet 1794.

26. Sœur du *CŒUR DE MARIE, Dorothée Madeleine Julie de JUSTAMOND*, née et baptisée à Bollène le 27 mai 1743, fit profession au couvent des Ursulines de Pernes, et fut guillotinée à Orange le 16 juillet 1794.

27. Sœur *MADELEINE DU SAINT-SACREMENT*, *Madeleine Françoise de JUSTAMOND*, née à Bollène le 26 juillet 1754, y fut baptisée le lendemain, fit profession dans l'Ordre de Citeaux, à l'abbaye de Ste-Catherine à Avignon, le 24 octobre 1773, elle fut guillotinée à Orange le 16 juillet 1794.

28. Sœur *MARIE DE SAINT AUGUSTIN*, *Marie Marguerite BONNET*, née et baptisée à Sérignan le 19 juin 1719, fit profession au couvent du Saint Sacrement de Bollène le 29 mai 1752, fut guillotinée à Orange le 26 juillet 1794.

29. Sœur *CATHERINE DE JÉSUS Marie-Madeleine DE JUSTAMOND*, née et baptisée à Bollène, le 10 septembre 1724, fit profession au couvent des Ursulines du Pont-Saint-Esprit; elle fut guillotinée à Orange le 26 juillet 1794.

30. Sœur *SAINT BASILE*, *Anne CARTIER*, née et baptisée à Livron, (Drôme) le 19 novembre 1733, fit profession au couvent des Ursulines du Pont-Saint-Esprit, elle fut guillotinée à Orange le 26 juillet 1794, le jour de la fête de Sainte Anne sa patronne.

31. Sœur *SAINTE ROSALIE*, *Marie Claire DU BAC*, née à Laudun (Gard), le 9 janvier 1727, y baptisée le 16 du même mois, fit profession au couvent des Ursulines de Bollène, le 12 février 1746, fut guillotinée à Orange le 26 juillet 1794.

32. Sœur du *CŒUR DE JÉSUS*, *Elizabeth-Thérèse CONSOLIN*, née à Courthézon, le 6 juin 1736, et baptisée le même jour, fit profession au couvent des Ursulines de Sisteron, où elle était Supérieure quand la révolution éclata, elle fut guillotinée à Orange le 26 juillet 1794.

Imprimatur.

Avenione, die 20 Aprilis 1904.

† L. FRANCISCUS,
Arch. Aven.

Avignon. — Aubanel Frères, Imprimeurs de N. S. P. le Pape et de Mgr l'Archevêque.

www.ingramcontent.com/pod-product-compliance
Ingram Content Group UK Ltd.
Pitfield, Milton Keynes, MK11 3LW, UK
UKHW020054100726
13658UKWH00004B/1744